D1696768

Horst Kalthoff

„Ich war Demokrat und Pazifist"

Das Leben des deutsch-jüdischen
Bürgers Otto Hecht (1900-1973)
und das Schicksal seiner Angehörigen

Donat Verlag

Bibliografische Information der Deutschen Bibliothek

Die Deutsche Bibliothek verzeichnet diese Publikation
in der Deutschen Nationalbibliografie; detaillierte
bibliografische Daten sind im Internet über
http://dnb.ddb.de abrufbar.
    ISBN 3-938275-00-6

Das Bild auf dem Umschlagtitel zeigt Otto
und Ruth Hecht im Labor und stammt aus dem
Privatbesitz von R.C. Hecht, das Porträt auf
Seite 10 aus dem Bernhard-Nocht-Institut für
Tropenmedizin in Hamburg. Autor und Verlag
danken für die freundliche Genehmigung
des Abdrucks.

© 2005 by Donat Verlag
Alle Rechte vorbehalten
Borgfelder Heerstraße 29 · D-28357 Bremen
Telefon: (04 21) 27 48 86 · Fax: (04 21) 27 51 06
E-mail: donat-verlag@nexgo.de
Lektorat: Helmut Donat, Bremen
Layout und Umschlaggestaltung:
hofAtelier Toni Horndasch, Bremen
Druck: Druckerei und Verlag Steinmeier, Nördlingen

Inhalt

Einleitung

Während ich mich mit der Geschichte des Bernhard-Nocht-Institutes für Tropenmedizin in Hamburg befaßte, an dessen Klinik ich in den 1950er Jahren arbeitete, stieß ich auf den deutsch-jüdischen Entomologen Otto Hecht (1900-1973).[1] Er beschäftigte sich 1925/26 mit der Schädlingsbekämpfung. In einer Veröffentlichung über die Blausäuredurchgasung[2] beschrieb der Insektenforscher die Vorzüge des von ihm verwendeten Zyklon B – eine für ihn im Sinne der Antike tragische Erkenntnis, denn mit Zyklon B ermordeten deutsche Nationalsozialisten zwischen 1941 und 1945 Millionen von Juden. 1927 wurde Hecht wissenschaftlicher Assistent am Hamburger Institut für Schiffs- und Tropenkrankheiten (heute Bernhard-Nocht-Institut für Tropenmedizin, im folgenden Tropeninstitut Hamburg) – eine viel versprechende Forscherkarriere schien vor ihm zu liegen. Bis dahin dürfte sein Leben und das seiner jüdischen Angehörigen im Deutschland des 19. und frühen 20. Jahrhunderts etwa so wie das nicht-jüdischer Bürgerlicher verlaufen sein. Einen latenten Antisemitismus mögen sie unterschiedlich wahrgenommen haben. Der große, für viele von ihnen unvorstellbare Bruch in ihrer Biographie geschah, als Reichspräsident von Hindenburg am 30. Januar 1933 Adolf Hitler in Deutschland die Macht übertrug.

Zunächst interessierte mich Otto Hechts Werdegang bis zum Sommer 1933, als er mit seiner Frau und den Kindern emigrieren mußte. Die weitere Beschäftigung mit der Familie Hecht führte mich zu anderen Familienangehörigen und zu nicht-jüdischen Personen seines Umfeldes. Ihre mehr oder weniger miteinander verwobenen Lebensläufe vermitteln auf mikrohistorischer und biographischer Ebene einen Einblick in die Lebensverhältnisse jüdisch-deutscher Bürgerlicher vom Kaiserreich bis in die 1970er Jahre und erinnern an viele schwere Schicksale deutscher Juden. Ihre Verfolgung darf nicht vergessen werden. Das Buch handelt von diesen jüdischen und nicht-jüdischen Menschen sowie von Hechts Emigration über Palästina nach Lateinamerika. Der eingefügte Briefwechsel zwischen Professor Dr. Dr. Erich Martini mit seinem ehemaligen Assistenten aus der unmittelbaren Nachkriegszeit besitzt exemplarische Bedeutung. Hechts klare Analyse der Nazizeit, seine Auffassung von Demokratie und Pazifismus sowie die Schilderung von Schicksalen seiner Angehörigen stehen im Gegensatz zur verharmlosenden und verdrängenden Haltung seines früheren Lehrers Professor Martini.[3]

Der Weg in die Zukunft führt in die Vergangenheit. In diesem Sinne will die vorliegende Veröffentlichung zur Aufklärung beitragen und mahnen, daß, wie Golo Mann es einmal formuliert hat, „wo Auschwitz war, alles möglich ist".

Zahlreiche Quellen beruhen auf mündlicher Überlieferung. Wo Mehrdeutigkeiten oder Unstimmigkeiten auffielen, ist an entsprechender Stelle darauf hingewiesen. Viele haben mir bei der Arbeit geholfen: Herr Felix Brahm, M.A., Historisches Seminar der Universität Hamburg, der sich mit den Lateinamerika-Beziehungen des Hamburger Tropeninstitutes und insofern auch mit Otto Hecht[4] auseinandersetzte, gab mir erste wichtige Hinweise. Herr Privatdozent Dr. Rainer Hering, Staatsarchiv Hamburg, gestattete mir freundlicherweise die Wiedergabe des von ihm erstmals publizierten und ausführlich kommentierten Briefwechsels zwischen Erich Martini und dessen früherem Assistenten Otto Hecht von 1946/47.[5] Außerdem übersandte er mir Kopien einiger Briefe von Otto und Rose Hecht.[6] Deren ältester Sohn, Herr Dr. Rudolph C. Hecht,

Madison, Wisconsin, USA, überließ mir seine persönlichen „Recollections"[7]. Bei seinem Berlinbesuch[8] im Juni 2004 sowie vor- und nachher gab er mir zahlreiche wichtige Informationen.[9] Von Herrn Oberstudienrat i.R. Erich Pick, einem Vetter Otto Hechts und Ahnenforscher, erhielt ich umfangreiche Auskünfte zur Familie Pick aus Landsberg an der Warthe.[10] Herr Professor Dr. Rolf Garms, Abteilung für Helminthologie, Bernhard-Nocht-Institut für Tropenmedizin, machte mich auf interessante Details zu Otto Hecht und seinem früheren Lehrer Professor Dr. Dr. Erich Martini aufmerksam, die er beide persönlich kannte.[11] Äußerst hilfsbereit zeigten sich die Bibliothekarinnen Frau M.-C. Koschwitz, Bibliothek des Bernhard-Nocht-Institutes für Tropenmedizin in Hamburg, Frau Sylvia Asmus, Deutsches Exilarchiv 1933-1945 der Deutschen Bibliothek Frankfurt am Main, Frau Veronika Liebau, Archiv zur Geschichte von Tempelhof und Schöneberg, sowie Frau Petra Willich, Bibliothek des Bundesverwaltungsgerichts in Leipzig. Allen Erwähnten danke ich.

Otto Hecht, etwa 1930

In Deutschland

Ich war Demokrat und Pazifist.
                    Otto Hecht, 1946

Jugend im Kaiserreich

Otto Hecht, am 26. April 1900 in Ulm an der Donau geboren, war der Sproß bürgerlich-jüdischer Eltern. Sein Vater Dr. med. Ludwig Hecht (1866-1943) stammte aus Bonnland, einem Dorf in Unterfranken. Ein Dutzend Familien bildeten hier eine Judengemeinde des Distriktsrabbinates Niederwerrn/Schweinfurt und richteten sich einen Betsaal ein.[12] 1937 machten die Nationalsozialisten Bonnland zum Großtruppenübungsplatz; die Bevölkerung wurde, wie es damals hieß, „abgesiedelt".[13]

Ludwig Hecht verlor früh seine Eltern. Ein wohlhabender Onkel nahm sich seiner an, sorgte für ihn und ermöglichte ihm das Studium. Nach seiner Niederlassung als praktischer Arzt in Ulm heiratete er Rosa Thalmessinger (1870-1943). Die Ulmer Thalmessingers waren seit langem erfolgreiche, wohlhabende jüdische Bankiers.[14]

Anfang des 19. Jahrhunderts existierte die im 15. Jahrhundert reiche und mächtige Freie Reichsstadt Ulm nur noch als Provinzstadt. Erst die Militärs des nach den Napoleonischen Kriegen auf dem Wiener Kongreß 1815 gegründeten Deutschen Bundes erweckten die Stadt, als sie sie zur Festung machten[15] – als Rückhalt für die Truppen in Südwestdeutschland, aber auch als Ausgangspunkt für Operationen gegen Frankreich. Zwischen 1842 und 1859 erbauten zeitweise achttausend Menschen die erstrangige

Zentralfestung als Waffenplatz für bis zu 100 000 Mann. Gleichzeitig und darauf abgestimmt schufen zweitausend Eisenbahnarbeiter den Bahnanschluß Ulms im Jahr 1850. Die Baukosten in Höhe von 16,5 Millionen Gulden – was fast 25 Millionen Tageslöhnen à 40 Kreuzer entspricht – finanzierte der Deutsche Bund aus den französischen Reparationen von 1815. Mit Gründung des Deutschen Kaiserreiches wurde Ulm Reichsfestung und entsprechend moderner Waffentechnik erheblich weiterentwickelt – vielleicht finanziert aus jenen fünf Milliarden Goldfranken an Reparationen, die Frankreich nach dem verlorenen Krieg von 1870/71 zahlen mußte.

Die Wahl als Festung bescherte Ulm einen wirtschaftlichen Aufschwung. Bis zum Ende des 19. Jahrhunderts stieg die Einwohnerzahl von 16 000 auf 43 000. Nun siedelten sich auch private Betriebe an, wie die beiden Fahrzeugbauer Magirus[16], für Feuerwehrfahrzeuge bekannt, und Käßbohrer. Unübersehbarer Ausdruck des Aufschwungs war die Vollendung des Ulmer Münsters, sein Hauptturm ist bis heute der höchste Kirchturm der Welt.

In der wieder wohlhabenden Stadt, einem der bedeutendsten Handelsplätze Württembergs[17], wuchsen Otto Hecht, sein sechs Jahre älterer Bruder Paul[18] und die jüngere Schwester Anneliese[19] auf. Ihre Vorfahren waren seit Generationen Freidenker, die religiöse Dogmen ablehnten.[20] Die Familie gehörte dem Bildungsbürgertum an, pflegte Gedankenfreiheit und Toleranz. Sie bekannte sich zur Demokratie und zum politischen Liberalismus.[21]

Die Familie Hecht bewohnte zusammen mit dem Hauspersonal ein großes Mietshaus in der Olgastraße 8 nahe dem Hauptbahnhof.[22] In den Räumen am Eingang praktizierte Dr. Ludwig Hecht. Wie damals üblich, machte er vorwiegend Hausbesuche – innerhalb der Stadt mit dem Fahrrad, in die ländliche Umgebung in einem gemieteten Einspänner mit Kutscher.[23] Sein Sohn Otto schrieb später, daß ihm sein Vater als „Arzt bester alter Art" stets Vorbild gewesen ist und zu „seriöser Berufsauffassung und Pflichterfüllung" erzog.[24] Der älteste Sohn Paul trat denn auch in die Fußstapfen seines Vaters und wurde Arzt.

Schon mit der Einschulung als Sechs- oder Siebenjähriger mußte Otto lernen, sich in einer Umgebung zu behaupten, die weit weniger liberal war als sein Elternhaus. Die Reichsfestung Ulm besaß als Friedensbesatzung etwa 5 000 Armeeangehörige[25] – fast zehn Prozent der 51 820 Einwohner des Jahres 1905.[26] Die meisten seiner Mitschüler stammten vermutlich aus wenig weltoffenen Offiziersfamilien, oft mit Vorbehalten gegen Juden. Hinzu kamen jene Jugendliche aus „gebildeten Kreisen", deren Väter sich als Einjährig-Freiwillige[27] zum, wie man damals sagte, „Kriegsdienst" verpflichtet hatten und später ehrgeizig eine Laufbahn als Reserveoffizier verfolgten. Möglicherweise ist Otto schon während der Schulzeit klar geworden, daß ein Teil seiner Mitschüler und Lehrer ihn als Bürger zweiter Klasse ansah.[28] Ob er gegenüber solcher Mißbilligung Rückhalt in der kleinen Gemeinde von wenig mehr als siebenhundert Juden (613 in Ulm, 121 in Neu-Ulm jenseits der Donau[29]) fand – oder das als Freidenker gar nicht wünschte? Und suchte die Familie Hecht die 1873 erbaute Synagoge am Weinhof[30] überhaupt auf?

Der junge Otto interessierte sich früh für die Naturwissenschaften und unternahm gern Wanderungen in die Umgebung Ulms. Er schloß sich dem 1896 in Berlin gegründeten, vorwiegend aus Gymnasiasten bestehenden „Wandervogel" an und genoß das Lagerleben. Die stark in die Gesellschaft eingebundene Wandervogelgeneration vor dem Ersten Weltkrieg begann, sich von ihren Vätern zu emanzipieren.[31] Der „Wandervogel" verstand sich als Bewegung, deren Ideale in der deutschen Vergangenheit, im Germanentum lagen. Unweigerlich forderten einige Wandervogelführer den Ausschluß der Juden.[32] Die so entstan-

dene, lebhafte Debatte ist jedoch regional sehr unterschiedlich geführt worden. Im Ulmer „Wandervogel" gab es offenbar keinen spürbaren Antisemitismus, denn Otto Hecht
erwähnte 1970 wiedergewonnene Jugendfreunde alter
Wandervogelkreise … aus den Jahren vor und während
des Ersten Weltkrieges.[33]

Erster Weltkrieg

Im August 1914 erlebte Otto die Begeisterung der Bevölkerung beim Ausbruch des Ersten Weltkrieges. Durch die
Olgastraße zogen Kriegsfreiwillige in Feldgrau und mit
Tschingderassabum zum Bahnhof. Frauen und Mädchen
steckten ihnen Blumen in die Gewehrläufe. Auf den Bahn-
steigen jubelten und winkten sie ihren Männern, Brüdern
und Söhnen beim Ausrücken an die Front zu. Marsch-
musik und eine Militärkapelle begleiteten das Spektakel.
Welchen Zwiespalt mag die Diskrepanz zwischen dem
weltbürgerlichen Milieu im Elternhaus und der kriegsbe-
rauschten, nationalistischen Umwelt in dem Vierzehnjäh-
rigen ausgelöst haben?
Als Kaiser Wilhelm II. zu Beginn des Ersten Weltkrieges
im sogenannten „Burgfrieden"[34] allen Deutschen Gleich-
berechtigung versprach, hofften viele Juden, im Kampf für
die gemeinsame nationale Sache endlich gleichwertige
deutsche Staatsbürger zu werden.[35] Zunächst teilten die
meisten deutschen Juden die allgemeine Kriegsbegeisterung.[36] Die Zionistische Vereinigung für Deutschland er-
ließ zusammen mit dem Reichsverein der Deutschen Juden
folgenden Aufruf: „Deutsche Juden! In dieser Stunde gilt
es für uns aufs neue zu zeigen, daß wir stammesstolzen
Juden zu den besten Söhnen des Vaterlandes gehören. Der

Adel unserer vieltausendjährigen Geschichte verpflichtet. Wir erwarten, daß unsere Jugend freudigen Herzens freiwillig zu den Fahnen eilt. – Deutsche Juden! Wir rufen Euch auf, im Sinne des alten jüdischen Pflichtgebots mit ganzem Herzen, ganzer Seele und ganzem Vermögen Euch dem Dienste des Vaterlandes hinzugeben."[37] Unter deutsch-jüdischen Intellektuellen formierte sich eine Allianz der Kriegsbefürworter[38] – die meisten nicht-jüdischen deutschen Intellektuellen verhielten sich ebenso.

Nur wenige Deutsche sprachen sich gegen den Krieg aus. Bedeutende jüdische Kriegsgegner waren Einstein, Bloch, Landauer, Benjamin und Schorlem – ihr gesellschaftlicher Einfluß entsprach allerdings nicht der Schärfe ihrer politischen Analyse:[39] Albert Einstein (1879-1955) wollte mit dem selbstgerechten Patriotismus der deutschen Professorenschaft im „Aufruf der 93" vom 4. Oktober 1914 nichts zu tun haben und empörte sich öffentlich über den Krieg, wodurch er den internationalen Pazifismus stärkte.[40] Der Sozialrevolutionär Gustav Landauer[41] (1870-1919) und der Philosoph Ernst Bloch[42] (1885-1977) lehnten die deutsche Kriegspolitik ebenfalls ab. Landauer forderte als radikaler Pazifist zur Wehrdienstverweigerung auf und mußte ins Gefängnis. Bloch protestierte gegen die deutsche Politik und emigrierte als Pazifist 1917 in die Schweiz. Der Philosoph, Essayist und Literaturkritiker Walter Benjamin[43] (1892-1940) sowie sein Freund, der Religionsphilosoph Gershom Scholem[44] (1897-1982), bekämpften als Studenten den Weltkrieg aus ethischen Gründen, ebenso den grassierenden Nationalismus.[45] Beide erlebten den Krieg als persönliche Krise.[46] Benjamin war tief erschüttert, als sein Freund, der Dichter Friedrich Heinle[47] (1894-1914) und dessen Geliebte Frederika Seligson (1891-1914) sich aus Protest gegen den Krieg am 8. August 1914 gemeinsam das Leben nahmen. Benjamin wühlte das Massensterben auf, weil ihm jedes Leben für einzigartig und unersetzbar galt. Der sechzehnjährige Scholem bezeichnete den Krieg als Massenmord, mußte die Schule wegen subversiver Propaganda[48] verlassen und wurde aufgrund seines rebellischen Verhaltens wegen Dementia praecox (vorzeitige Verblödung, nach heutiger Auffassung Schizophrenie) aus dem Militärdienst[49] entlassen.[50] Im Februar 1917 verstieß ihn sein deutschnational eingestellter Vater wegen unpatriotischer Gesinnung aus dem Elternhaus.[51]

Jüdische und nicht-jüdische Kriegsgegner wirkten gemeinsam in pazifistischen Organisationen, so in dem von Albert Einstein mitgegründeten Bund Neues Vaterland oder in der Deutschen Friedensgesellschaft.

Otto Hechts Bruder Paul studierte bei Kriegsausbruch bereits Medizin und mußte Kriegsdienst leisten. Sein Vater, damals 48 Jahre alt, wurde nicht einberufen,[52] wahrscheinlich war er kein Reserveoffizier.[53] Otto zog man nach dem Abitur zur Artillerie in Ulm ein. Er war später froh, daß er während seiner kurzen Dienstzeit niemanden töten mußte.[54] Ob er wie der fast dreißig Jahre ältere Jakob Wassermann (1873-1934) beim preußischen Militär „jenen in den Volkskörper gedrungenen dumpfen, starren, fast sprachlosen Haß" empfand, „von dem der Name Antisemitismus fast nichts aussagt, weil er weder die Art, noch die Quelle, noch die Tiefe, noch das Ziel zu erkennen gibt"[55]? Otto Hechts 18. Geburtstag fiel in den April des letzten Kriegsjahres. Sieben Monate später dankte Kaiser Wilhelm II. ab und ging ins Exil nach Holland.

In der Weimarer Republik

Die Weimarer Republik[56] sah sich einem überaus schwierigen Anfang gegenüber. Politiker mußten mit dem Friedensvertrag von Versailles einen Krieg beenden, den die kaiserlichen Generäle verloren hatten. Gleichwohl behauptete General von Hindenburg, später Reichspräsident: „Die deutsche Armee ist von hinten erdolcht worden." Die Zwecklüge, auch „Dolchstoßlegende" genannt, nutzten fortan die rechten Gegner der Weimarer Republik im Kampf gegen die Demokratie, besonders die monarchistisch-antidemokratische Deutschnationale Volkspartei (DNVP) und später die Nationalsozialisten. Dazu gab es extrem linke Gegner, wie die Linkssozialisten und Spartakisten, die ihre Idee der Räterepublik verwirklichen wollten. Auch vermochte es die Weimarer Republik nicht, einen größeren Anteil der im wilhelminischen Kaiserreich geborenen Jugendlichen für die Demokratie zu gewinnen.

Nach dem Krieg studierte Otto Hecht in Tübingen und München Zoologie sowie Botanik und Chemie als Nebenfächer.[57] 1923 promovierte er mit einer Arbeit über die heimische Roßameise, die besonders das Fichtenholz schädigt, und über in ihr symbiotisch lebende Bakterien.[58] Die Endosymbiose von Insekten mit Bakterien oder Pilzen beschäftigt Forscher auch heute noch.[59] Mit der „summa cum laude" benoteten Doktorarbeit begann Hechts wissenschaftliche Laufbahn in der Schädlingsbekämpfung. Zunächst war er in der Abteilung für Pflanzenschutz der staatlichen Versuchs- und Forschungsanstalten in Landsberg an der Warthe (heute Gorzów Wielkopolski, Polen) tätig. Vorwiegend mußte er die Anfragen von Landwirten sichten und beantworten.[60]

Landsberg an der Warthe gehörte zur Neumark und war während der ersten Hälfte des 20. Jahrhunderts eine hübsche brandenburgische Kreisstadt mit etwa 40 000 Einwohnern und mit der drittgrößten Judengemeinde Preußens[61]. Der Wohlstand der Stadt beruhte auf der Industrie mit Maschinenfabriken, Eisengießereien, Sägewerken, Brauereien, Juteverarbeitung u.a. sowie auf dem Handel mit Getreide, Holz, Spiritus und Wolle.[62] Daneben spielte die Binnenschiffahrt auf der Warthe, dem bedeutensten Nebenfluß der Oder, eine wichtige Rolle. Im gleichnamigen Landkreis gab es Land- und Forstwirtschaft.

Aus Landsberg an der Warthe stammte Rose Caro (1894-1955), Lehrerin für Englisch und Französisch.[63] Otto Hecht nahm bei ihr Sprachunterricht. Beide heirateten im Mai 1926.[64] Aus der Ehe gingen zwei Söhne hervor: Rudolph Caro (*1927) und Fritz (*1929), der heute Gawriel heißt.

Roses Vater Dr. med. Rudolph Caro[65] (1861-1915) aus Vandsburg, Kreis Flatow[66] (heute: Więcbork, Polen), erlebte eine ähnliche Jugend wie Otto Hechts Vater: Er wurde früh Waise und von einem gut situierten Onkel aufgenommen, der ihm ein Studium ermöglichte. Dr. Caro ließ sich als praktischer Arzt in Landsberg an der Warthe nieder und heiratete Margarete Pick, genannt Grete (1874-1930)[67], aus einer wohlhabenden jüdischen Familie. Nach der ältesten Tochter Rose wurden zwei weitere Mädchen, Lotte (1895-ca.1943) und Anna, genannt Annie (1901-1987), geboren.

Die Picks, seit 1803 in Landsberg an der Warthe ansässig, waren vorwiegend Geschäftsleute. Margaretes Vater, der Kaufmann und Destillateur Hermann Pick (1839-1904)[68], führte sein Ladengeschäft mit der Bezeichnung „Destillation" hinter der Marienkirche.[69] Er heiratete 1867 die 23jährige Landsbergerin Bertha Beatrice Schoenflies (1843-1924). Ihre jüdische Familie, seit über 300 Jahren in Deutschland ansässig, stammte aus Schönfließ (heute:

Trzcińko-Zdrój, Polen), Kreis Königsberg (Neumark) (heute: Chojna, Polen).[70]

Berthas Vater Moritz Schoenflies (1812-1886) besaß ein „Tabak- und Cigarren-Fabrikgeschäft"[71]. Er und seine Frau Johanna Hirschfeld (1817-1879) hatten 13 Kinder[72]: Bertha wurde als fünftes Kind geboren. Der zehn Jahre jüngere Sohn war der namhafte Mathematiker und Kristallograph Arthur Moritz Schoenflies (1853-1928), Professor in Königsberg und Frankfurt.[73] Der zweitälteste Sohn Georg (1841-1894) übernahm 1868 das väterliche Fabrikgeschäft[74] und verlegte es 1878 nach Berlin, wo er als angesehener und erfolgreicher Bürger hervortrat.[75] 1868 hatte er seine Cousine Hedwig Hirschfeld (1844-1908) geheiratet. Ehen zwischen Vettern und Cousinen kamen unter den relativ wenigen deutschen Juden wegen der entsprechend geringen Auswahl jüdischer Heiratsfähiger nicht selten vor. Georg und Hedwig Schoenflies zeugten vier Töchter[76] und waren die Großeltern des bereits als Kriegsgegner erwähnten Philosophen Walter Benjamin (1892-1940)[77] und dessen Bruders, des Berliner Fürsorgearztes Georg Benjamin (1895-1942), sowie der Lyrikerin Gertrud Kolmar (Pseudonym für Gertrud Käthe Chodziesner)[78] (1894-1943).

Hermann und Bertha Pick[79] hatten acht Kinder, sechs Söhne und zwei Töchter. Ihre ältesten Söhne waren der bekannte Anatom Ludwig Pick (1868-1944) in Berlin und der Rechtsgelehrte Georg Pick (1869-1929)[80], Reichsgerichtsrat in Leipzig und Mitautor des Werkes „Das Bürgerliche Recht des Deutschen Reiches"[81]. Beide gehörten zur geistigen Elite Deutschlands. Drei weitere Söhne schlugen die Laufbahn als Kaufleute ein, einer verstarb als Kind.[82] Die älteste Tochter Margarete Pick besaß noch eine Schwester Emilie, genannt Mile (1877-1941), die den Berliner Kunsthändler Fritz Rosenberg (1871-1941) heiratete.

Rose Hechts Vater Dr. Rudolph Caro meldete sich wie viele jüdische Deutsche bei Kriegsbeginn freiwillig, war jedoch wegen Diabetes nicht diensttauglich. Als man den Leiter der staatlichen Landsberger TB-Heilstätte einberief, übernahm Caro dessen Tätigkeit neben der eigenen Praxis. Alsbald infizierte er sich mit Tuberkulose. Seine bereits bestehende Zuckerkrankheit führte zu einer damals medizinisch kaum zu beherrschenden Situation: Die Tuberkulose ließ sich seinerzeit nur mit reichlicher Ernährung behandeln, wohingegen die Zuckerkrankheit einer strengen Diät bedurfte. 1915 erlag Dr. Caro mit 54 Jahren seinen Erkrankungen.[83] Nach einer anderen Version infizierte er sich bei der Betreuung von an Tuberkulose erkrankten russischen Kriegsgefangenen und entschloß sich angesichts der aussichtslosen Behandlungsmöglichkeit zur Selbsttötung.[84]

Rose Hechts Mutter Margarete Caro, geborene Pick, organisierte als Kunstliebhaberin Konzerte und Theateraufführungen. Nach dem Tod ihres Mannes vermietete sie Zimmer in ihrem großen Haus.[85] Sie starb 1930 mit 56 Jahren an der Parkinsonschen Krankheit.[86]

Von Landsberg an der Warthe ging Otto Hecht in die Tschechoslowakei und arbeitete als Entomologe (= Insektenkundler) beim 1856 in Aussig gegründeten Österreichischen Verein für chemische und metallurgische Produktion, kurz Aussiger Verein (heute Spolchemie). Die böhmische Stadt Aussig (heute Ústí nad Labem, Tschechien) kam nach dem Ersten Weltkrieg 1919 von Österreich-Ungarn an die Tschechoslowakei.[87] Der Aussiger Verein unterhielt in Hamburg einen Firmenvertreter, seit 1907 in Person des Kaufmannes Paul Stabenow (1862-ca.1927). Am 1. März 1924 gründeten er und der Chemiker Bruno Tesch (1890-1946) die vom Aussiger Verein finanzierte Firma Tesch & Stabenow, Internationale Gesellschaft für Schädlingsbekämpfung m.b.H., kurz Testa genannt.[88] Otto Hecht kam vermutlich durch Vermittlung von Paul Stabenow aus der Tschechoslowakei nach Hamburg, um bei der Testa zu arbeiten.

Bruno Tesch, 1890 in der Reichshauptstadt geboren, studierte Mathematik, Physik und Chemie. Im Sommer 1914 promovierte er in Berlin.[89] Seit August 1914 diente er als Kriegsfreiwilliger bei der Artillerie. Als er 1915 nach einer Schußverletzung heimkehrte, reklamierte ihn der Direktor des Kaiser-Wilhelm-Instituts in Berlin für physikalische Chemie und Elektrochemie Professor Fritz Haber (1868-1934) zu Arbeiten im Auftrag des Kriegsministers.[90]

Fritz Haber, durch die Entdeckung der Ammoniaksynthese (Haber-Bosch-Verfahren) bekannt geworden, identifizierte sich wie viele deutsche konvertierte Juden mit dem deutschen Nationalismus und stellte seine Forschung in den Dienst der Vaterlandes.[91] Ende des Jahres 1914 empfahl er der deutschen Militärführung den massiven Einsatz von Chlorgas als Kriegswaffe. Zahlreiche Chemiker und Physiker im Offiziersrang bereiteten den Gaskampf mit Chlor vor. Am 22. April 1915 ließ die deutsche Armeeführung in Flandern bei günstigem Wind eine Wolke von 180 t Chlorgas in 6 km Breite auf die französischen Stellungen zu treiben. Die Wirkung war mit dem Verlust von 15 000 Mann, davon 5 000 Toten, selbst für die Deutschen so unerwartet schrecklich und überraschend, daß sie keinen taktischen Nutzen aus dem Aufbrechen der gegnerischen Front zogen. Das Kaiser-Wilhelm-Institut in Berlin-Dahlem wurde die entscheidende deutsche Forschungsstätte für den Gaskrieg. Um die im Krieg gesammelten wissenschaftlichen Erkenntnisse zur Herstellung und Anwendung hochgiftiger Stoffe mit großer Kampfkraft auch friedlich zu nutzen, gründete man auf Habers Initiative den Technischen Ausschuß für Schädlingsbekämpfung (Tasch).[92]

Der Geheimrat Haber sollte einen seiner Stellung entsprechenden militärischen Rang erhalten. Aber das preußische Kriegsministerium ernannte ihn seiner jüdischen Abstammung wegen nicht zum Offizier sondern nur zum Vizewachtmeister der Landwehr, obgleich er sich 1892 als Erwachsener hatte evangelisch taufen lassen und sich damit wie zahlreiche Juden im 19. Jahrhundert der deutschen christlichen Tradition anpaßte. Erst auf ein Machtwort Kaiser Wilhelms II. erhielt Haber den Dienstrang eines Hauptmannes. Am Ende seiner Militärzeit jedoch unterblieb die übliche Beförderung zum Reserveoffizier, er befand sich weiter im Rang eines Vizefeldwebels.[93] Mit der Diskriminierung Habers auch nach dem Kriege demonstrierte das deutsche Militär die Grenze erfolgreicher Akkulturation.[94]

Seit Oktober 1915 arbeitete Bruno Tesch in der Abteilung B (Dr. Kerschbaum) des Kaiser-Wilhelm-Instituts zur Weiterentwicklung deutscher Gaskampfmittel sowie Prüfung feindlicher Gaskampf- und Gasschutzgeräte.[95] Nach dem Krieg leitete er als persönlicher Assistent von Haber die Rückführung des Kaiser-Wilhelm-Instituts in den Friedensstand.[96] Die Auflösung der Tasch veranlaßte Haber 1919 zur Gründung der Deutschen Gesellschaft für Schädlingsbekämpfung m.b.H (Degesch) durch einige Chemiefirmen, die auf dem Gebiet der Gaswaffen mit dem Kaiser-Wilhelm-Institut zusammengearbeitet hatten. Die Degesch diente der Bekämpfung tierischer und pflanzlicher Schädlinge. Während der Inflationszeit wurde sie alleinige Tochtergesellschaft der Deutschen Gold- und Silberscheideanstalt (Degussa).[97] Im Jahr 1922 gelang es dem Chemiker Walter Heerdt, die äußerst giftige Verbindung Cyanwasserstoff zu stabilisieren, und er ließ das Produkt als Zyklon B für die Blausäuredurchgasung zur Schädlingsbekämpfung patentieren. Die Degesch erwarb das Patent.

Tesch, 1920 nach Abschluß seiner Arbeit im Kaiser-Wilhelm-Institut von der Degesch übernommen, führte deren Berliner Filiale. Ende 1922 eröffnete er die Hamburger Niederlassung, um auf Veranlassung des Hafenarztes das Blausäureverfahren für die Schiffsdurchgasung einzuführen.[98] Da er glaubte, sein Anteil bei der Entwicklung des Zyklon-B-Verfahrens sei in der Patentverwertung ungenügend berücksichtigt worden, trennte er sich von der Degesch und machte sich 1924 mit der Gründung von Tesch & Stabenow (Testa) selbständig. Ein Jahr später arrangierte er sich wieder mit der Degesch, wodurch die Testa eine der beiden Hauptvertreterfirmen der Degesch wurde.[99] Als Paul Stabenow 1927 bei der Testa ausschied, wurde die Degesch Mehrheitsgesellschafterin der Testa. Tesch fungierte als Geschäftsführer, Karl Weinbacher (1898-1946) war als Prokurist, ab 1943 als zweiter Geschäftsführer tätig.

Wann genau Otto Hecht seine Arbeit bei der Testa begann, ist nicht bekannt. Jedoch nahmen er und Tesch im September 1925 an der 5. Versammlung der Deutschen Gesellschaft für angewandte Entomologie in Hamburg teil.[100] Unter der Überschrift „Blausäuredurchgasungen zur Schädlingsbekämpfung"[101] schilderte Hecht seine Arbeit bei Tesch & Stabenow mit dem „Zyklon B"-Verfahren, „einem modernen, technisch besonders reizvollem Bekämpfungsverfahren", weshalb „wir heute diese Bekämpfungsweise tierischer Schädlinge aus vielen Wirtschaftszweigen und als hygienische Maßnahme gar nicht mehr entbehren können." Besonders betonte Hecht den Schutz des Menschen: „Die Gefährlichkeit der Blausäure bedingt, daß mit größter Vorsicht gearbeitet werden muß und daß die Blausäuredurchgasungen nur von einem besonders geschulten und gut disziplinierten Personal ausgeführt werden dürfen … Über die Ausführung von Blausäuredurchgasungen, die im deutschen Reich nur wenigen Firmen[102] erlaubt ist, bestehen … Bestimmungen zum Schutze des ausführenden Personals und des unbeteiligten Publikums."
Die Zuverlässigkeitsprüfung der Mitarbeiter von Tesch & Stabenow erfolgte durch den am Institut für Schiffs- und Tropenkrankheiten tätigen Hafenarzt.[103] Mit ihm hatte

Hecht auch beim „Gaskampf gegen die Ratten auf See-schiffen" zu tun. So führte er im Hamburger Hafen inner-halb von 14 Tagen mit insgesamt nur 8 Mann 25 Schiffs-durchgasungen aus, die sich besonders gegen die Einschlep-pung der Pest richteten.[104]

Aber Otto Hecht war nicht der Wissenschaftler, der sich auf Dauer in der Industrie wohl fühlte.[105] So wechselte er am 1. Oktober 1927 an die von Professor Erich Martini (1880-1960) gegründete Abteilung für medizinische En-tomologie des Hamburger Institutes für Schiffs- und Tro-penkrankheiten[106], wo man ihn durch seine Arbeit im Ha-fen vermutlich schon kannte.[107]

Das Hamburger Tropeninstitut wurde als Folge der Cholera-Epidemie von 1892, der letzten in Deutschland, gegründet. Sie hatte in Hamburg 8 605 Menschen das Leben gekostet. Im Jahr 1900 eröffnete das Tropeninsti-tut und gewann unter seinem Gründer Dr. med. Bern-hard Nocht (1857-1945) als Tropenkrankenhaus und For-schungsstätte, aber auch durch seine Tropenkurse für Ärz-te und medizinisches Hilfspersonal einen herausragenden Ruf. Bald waren die Räumlichkeiten zu eng. Ein neuer charakteristischer Klinkerbau[108] beherbergt seit 1914 das Institut, nach Beseitigung der Schäden aus dem Zweiten Weltkrieg auch heute noch.

Ende des 19. Jahrhunderts entdeckte Ronald Ross (1857-1932), daß die Malaria von bestimmten Stechmük-ken übertragen wird. Fortan wuchs das Interesse an der medizinischen Insektenkunde. Bernhard Nocht berief im Oktober 1912 Erich Martini an das Hamburger Tropen-institut, wo er eine Abteilung für medizinische Entomo-logie aufbauen sollte.[109] Martini, 1880 in Rostock als Sohn eines Oberlandesgerichtspräsidenten geboren, machte eine schnelle Karriere: Zehn Jahre nach dem Abitur hatte er Medizin und Naturwissenschaften (Zoologie, Botanik, Chemie) studiert, in beiden Fächern promoviert und sich in seiner Heimatstadt Rostock für Anatomie sowie in Tübingen für Zoologie habilitiert. Nach der Medizinalpraktikantenzeit arbeitete er drei Jahre als Assistent und Prosektor am Anatomischen Institut der Universität Rostock, anschließend als Assistent am Zoologischen Institut der Universität Tübingen mit einem Lehrauftrag für den Forstschutz.[110] Am Tropeninstitut begann Martini, sich intensiv mit der medizinischen Entomologie zu beschäftigen. Während des Ersten Weltkrieges diente er als Sanitätsoffizier. Im Osten befaßte er sich mit der unerträglichen Fliegenplage und mit den das Fleckfieber übertragenden Läusen. 1918 berief ihn das Kriegsministerium zur deutschen Mazedonienarmee, um dort die unbeherrschbare, aber, wie Martini feststellte, vorhersagbare und daher unnötige Malariaepidemie zu bekämpfen.[111] 1919 kehrte er an das Hamburger Tropeninstitut zurück und erwarb sich bald eine umfassende Kenntnis der medizinischen Entomologie. Von seinen über 300 Veröffentlichungen setzen sich ungefähr 120 mit den Stechmücken auseinander.[112]

So fand Otto Hecht als der erste wissenschaftliche Mitarbeiter von Erich Martini ideale Arbeitsbedingungen am Tropeninstitut Hamburg, eingebunden in einen Kreis hervorragender Ärzte und Forscher: Neben Bernhard Nocht und Erich Martini gehörten dazu der vielseitige Tropenmediziner Friedrich Fülleborn (1866-1933), der Apotheker und Chemiker Gustav Giemsa (1867-1948), der die Giemsa-Färbung entwickelte, Eduard Reichenow (1921-1960), der bedeutende Leiter der Abteilung für Protozoologie (= Lehre von den Einzellern) sowie Martin Mayer (1875-1951) und Peter Mühlens (1874-1943), dazu die jüngeren Wissenschaftler wie der treue Freund Hans Vogel[113] (1900-1980), Ernst Georg Nauck[114] (1897-1967) und andere. Hecht befaßte sich besonders mit den Stechmücken, deren Weibchen Blut saugen und dabei Malaria und andere Krankheiten übertragen. Zunächst nahm er sein Dissertationsthema der Endosymbiose wieder auf, jetzt mit der Symbiose von Sproßpilzen in den Ausstülpungen der Stechmückenspeiseröhre, was ihn zur Giftwirkung des Speicheldrüsensekretes von Stechmücken führte.[115] Davon ausgehend, wies er durch klug angelegte Versuche als erster nach, daß die Hautreaktionen auf Insektenstiche allergischer Natur sind[116], ein herausragendes, insbesondere für die Behandlung bedeutsames Ergebnis.

Unser Wissen über Leben und Verhalten der Stechmücken wurde während der ersten Hälfte des 20. Jahrhunderts von vielen Forschern in zahllosen Untersuchungen und Experimenten erarbeitet. Als einer von ihnen untersuchte Otto Hecht die Eireifung und -ablage sowie die optimalen Temperaturen der Brutgewässer für einzelne Stechmückenarten und -rassen.[117] In der eigentlich als Monographie zur Physiologie der Stechmücken geplanten Veröffentlichung faßte er die damaligen Kenntnisse über „Die Blutnahrung, die Erzeugung der Eier und die Überwinterung der Stechmückenweibchen"[118] zusammen.

Da Deutschland nach dem Ersten Weltkrieg keine Kolonien mehr besaß, zog es das Tropeninstitut nach Lateinamerika. An den seit seiner Gründung veranstalteten Tropenkursen für Ärzte und für Hilfspersonal nahmen zunehmend Lateinamerikaner teil. Seit 1930 bot man jährlich einen Kurs in spanischer Sprache an.[119] Traditionell halfen alle Mitarbeiter des Institutes bei den Kursen mit, so auch Hecht. Er hielt außerdem an der Hamburger Volkshochschule Abendvorlesungen über Seuchengeschichte, Parasitologie und Insektenleben.[120]

Die politische, gewalttätiger werdende Entwicklung in Deutschland bereitete vielen Menschen Sorgen, so auch Otto Hecht. Der „Altonaer Blutsonntag" vom 17. Juli 1932 ereignete sich nur 15 Minuten Fußweg von seiner Arbeitsstätte im Tropeninstitut entfernt. Zwei Wochen vor den Reichstagswahlen demonstrierten die Nazis ihre Macht und marschierten unter Polizeischutz zu Tausenden durch die roten Arbeiterviertel der Altonaer Altstadt: 18 Menschen, darunter zwei SA-Männer, starben, 16 durch Schüsse der Polizei.[121]

Hecht informierte sich eingehend über Adolf Hitler (1889-1945),[122] der 1925 und 1927 in „Mein Kampf" seine politischen Vorstellungen und „die Ziele unserer Bewegung" der Öffentlichkeit vorlegte.[123] Bereits auf Seite 1 propagierte er den Krieg: „Erst wenn des Reiches Grenzen auch den letzten Deutschen [gemeint sind die Deutschösterreicher] umschließt, ohne mehr Sicherheit seiner Ernährung bieten zu können, entsteht aus der Not des eigenen Volkes das moralische Recht zur Erwerbung fremden Grund und Bodens. Der Pflug ist dann das Schwert, und aus den Tränen des Krieges erwächst für die Nachwelt das tägliche Brot."[124] Und im Schlußwort des Buches gipfelt Hitlers Herrenrassenwahn in dem Satz: „Ein Staat, der im Zeitalter der Rassenvergiftung sich der Pflege seiner besten rassischen Elemente widmet, muß eines Tages zum Herren der Erde werden."[125] Persönlich betroffen, voller Abscheu, aber auch beunruhigt, las Hecht den schauerlichen Abschnitt über „Die Judenfrage"[126]. Zunächst schilderte Hitler „[meine] Wandlung zum Antisemiten,"[127] „meine[r] wohl schwersten Wandlung überhaupt,", die „mir die meisten inneren seelischen Kämpfe gekostet [hat]."[128] Dann, manchmal selbst gerührt von seinen „inneren Kämpfen", in fast weinerlichem Stil, beschäftigte er sich mit „den Juden". Naiv verkündete er die Wurzeln seiner Erkenntnisse: „Ich las eifrig die sogenannte Weltpresse."[129] Auch „der Anschauungsunterricht der Wiener Straße [hatte mir] unschätzbare Dienste geleistet"[130]. Und um das jüdische Geistesleben im Wien der 1920er Jahre zu verstehen, in seinem Fall, zu verdammen, „genügte [es] eine der Anschlagsäulen zu betrachten."[131] Wörtlich schrieb er weiter: „Ich begann sie [die Juden] allmählich zu hassen."[132] Und dann stolz: „Ich war vom schwächlichen Weltbürger zum fanatischen Antisemiten geworden."[133] Hitler beschließt den Abschnitt „Die Judenfrage" mit einer Blasphemie, die schwerfällt abzuschreiben: „So glaube ich [Hitler] heute im Sinne des allmächtigen Schöpfers zu handeln: *Indem ich mich des Juden erwehre, kämpfe ich für das Werk des Herrn.*"[134] Als am 30. Januar 1933 die Weimarer Republik scheiterte, mußte Otto Hecht, wie er 1946 schrieb, „ansehen, welche Niederlage für Deutschland der Sieg der Hitlerrotte ... bedeutete."[135] An diesem Montag ernannte der 85-jährige Reichskanzler Paul von Hindenburg (1847-1934) den Nationalsozialisten Adolf Hitler zum Reichskanzler – kurz vorher hatte er Hitler noch verächtlich als „böhmischen Gefreiten" bezeichnet. Am Abend marschierten 25 000 uniformierte Hitleranhänger und Stahlhelm-Einheiten mit brennenden Fackeln singend durch das Brandenburger Tor und an der Reichskanzlei vorbei. Dort zeigte sich Hitler gelegentlich am Fenster und grüßte mit erhobenem rechten Arm, neben ihm Göring (1893-1946), Goebbels (1897-1945) und Heß (1894-1987).[136] Aber am Pariser Platz neben dem Brandenburger Tor, so wird erzählt, blickte der große deutsche impressionistische Maler, der Ehrenpräsident der Preußischen Akademie der Künste und Berliner Ehrenbürger Max Liebermann (1847-1935) vom Dach des von seinem Vater ererbten vornehmen Stadthauses[137] auf die lärmenden braunen Massen und murmelte: „Ich kann gar nicht so viel kotzen, wie mir schlecht ist!" Dem Juden Liebermann erteilten die Nazis Berufsverbot. Aus der Akademie der Künste trat er selber aus, weil sie keine Werke jüdischer Künstler mehr ausstellte. Die letzten zwei Jahre seines Lebens verbrachte er einsam und verbittert. 1939 enteigneten die Nazis seine Witwe Martha, geborene Marckwald. Als man ihr 1942 die Deportation nach Theresienstadt „in ein Altenheim" ankündigte, wählte sie den Freitod.[138]

Emigration nach Palästina

Ich mochte die Luft der Unfreiheit nicht mehr atmen.

Otto Hecht, 1946

Im „Dritten Reich"

Adolf Hitler trat am 30. Januar 1933 als Reichskanzler eines Minderheitenkabinetts mit gerade zwei nationalsozialistischen Ministern an. Aber in nur 52 Tagen führte er Deutschland in die Diktatur: Dem Fackelzug folgte im Februar der Reichstagsbrand. Am 23. März 1933 beschloß der Reichstag gegen die Stimmen der SPD das Gesetz zur Behebung der Not von Volk und Reich, besser bekannt als Ermächtigungsgesetz, und machte sich selbst zum Marionettenparlament.[139] „Die meisten Bewohner des Landes verlebten die ersten Monate des Dritten Reiches in völliger Ruhe und gewöhnten sich nach und nach an die Veränderungen … Auch die Mehrzahl der … Juden … in Deutschland bekam die Folgen nicht sofort in deren ganzem Ausmaß zu spüren." Aber von Anfang an, hier und da, verübte die SA unkontrollierte Gewalt gegenüber wehrlosen Opfern, nicht selten von unten her aus eigensüchtigen Motiven. „Es gab Tote, nicht Tausende, sondern nur Hunderte (sic!), es kam zu Mißhandlungen und Greueltaten … Die Ereignisse sprachen sich herum, die Angst nahm zu, und eine unbestimmte Besorgnis machte sich breit … Doch für Millionen Deutsche nahm das Leben seinen gewohnten Gang."[140]

Für die deutschen Juden Otto und Rose Hecht mit ihren beiden drei- und vierjährigen Söhnen war das nicht so. Sie wußten, daß ihr Heimatland ihnen den allen deutschen Bürgern zustehenden staatlichen Schutz versagen würde, schlimmer noch, daß sie jederzeit unkontrollierter Gewalt ausgeliefert sein konnten, kurz: Die wirtschaftliche und physische Existenz der jungen Familie war, solange sie in Deutschland blieb, bedroht. Und die übrige Welt bestand aus Nationalstaaten, vielfach geprägt von Nationalgefühl, Denken in Staatsgrenzen und ausgestattet mit erheblicher Bürokratie, manchmal wohl auch latentem Antisemitismus. In dieser schwierigen Situation beschlossen die Hechts zu emigrieren. Hunderttausende andere Deutsche mußten, um zu überleben, das Gleiche versuchen und gerieten miteinander in Konkurrenz. Otto und Rose Hecht fiel es schwer, in ihrer Verzweiflung und Wut, ihrer Existenzangst und Sorge, den Kindern das Gefühl der Geborgenheit zu erhalten. Zielstrebig suchte Otto ein Land, das die Familie aufnehmen und in dem er Arbeit finden würde.

Nur wenige Menschen standen unverändert zu dem Ehepaar. Im Tropeninstitut war der aufrechte Dr. Hans Vogel (1900-1980), Assistent in der Abteilung für Helminthologie (= Lehre von den Eingeweidewürmern), weiterhin ein zuverlässiger und vertrauter Kollege. Im privaten Leben blieben die Schwestern Anna und Magda Rieper den Hechts wahre Freunde. Otto schilderte die Studienrätin Magda Rieper (1891-1983) als „aktive Pazifistin, wütende Hitlergegnerin, ... eine feine, hochgebildete Frau, die wir zu unseren besten Freundinnen rechneten ... Ihre Schwester Anna war Volksschullehrerin und in der Fürsorge für minderbegabte Kinder tätig."[141] Magda Rieper unterrichtete Naturwissenschaften[142] an der, wie man sie 1926 benannte, „Emilie-Wüstenfeld-Schule, Realschule und Deutsche Oberschule für Mädchen"[143] in der Bundesstraße 78. Zum Lehrerkollegium gehörten zwei befreundete Jüdinnen: Die Kunsterzieherin Gretchen Wohlwill (1878-1962), Mitbegründerin der Hamburger Secession von 1919 und eine heute noch bekannte Malerin, war viel in Europa gereist.[144] Die andere, Martha Behrend (1881-nach 1942), lebte mit ihren beiden Schwestern Elsa und Helene in der Hochallee 33.[145] In ihrem Haus traf sich regelmäßig die abendliche „Kindergesellschaft", auch Anna und Magda Rieper waren dabei. Die Rieper-Schwestern hielten ihren jüdischen Freunden die Treue. Einsam blieben sie in Hamburg zurück, während die anderen nacheinander verschwanden: Zuerst die Hechts, dann emigrierte Gretchen Wohlwill 1940 nach Portugal. Am 18. November 1942 wurde Martha Behrend in das Ghetto von Minsk deportiert und später von den Nazis ermordet.[146]

Am 7. April 1933 verkündete die nationalsozialistische Reichsregierung das Gesetz zur Wiederherstellung des Berufsbeamtentums, das sich in erster Linie gegen Juden richtete: Nach § 3 (1) waren Beamte nichtarischer Abstammung in den Ruhestand zu versetzen. Aber mit § 4 (1) entließen die Nazis auch Beamte, die nicht „jederzeit rückhaltlos für den nationalen Staat eintreten", also politische Gegner; ebenso waren Schuldirektorinnen und Lehrerinnen betroffen.[147] Im Hamburger Tropeninstitut gerieten neben Otto Hecht weitere drei Wissenschaftler ins Visier: Theodor von Brand (ca.1899-1978) hatte „mütterlicherseits jüdische Aszendenz". Ihm gelang die Auswanderung in die USA, wo er sich als ein international geachteter Parasiten-Biochemiker einen Namen machte.[148] Paul Regendanz, freiwilliger Mitarbeiter der Abteilung für Protozoologie, wanderte vermutlich nach Brasilien aus.[149] Der Bakteriologe Professor Martin Mayer (1875-1951), seit 1904 am Tropeninstitut, leistete von 1916 bis 1918 als Sanitätsoffizier Militärdienst und fiel als „Frontkämpfer" unter die Ausnahmen des § 3 (2). So wurde er zunächst nicht entlassen.[150]

Anfang 1933 verhandelte das eigens für den ersten „Blutsonntag"-Prozeß in Altona geschaffene Sondergericht gegen vier ortsbekannte Gegner der Nazis wegen gemeinschaftlichen Mordes an den zwei im Juli 1932 erschossenen SA-Männern. Der Angeklagte Bruno Guido Camillo Tesch, 1913 in Kiel geboren, wuchs bei seiner Mutter in Italien auf und kam 1925 nach Altona. Nach der mit „gut" bestandenen Gesellenprüfung als Klempner war er arbeitslos. Schon als 17-jähriger engagierte er sich politisch, erst in der Jugendorganisation der SPD, dann im Kommunistischen Jugendverband und in der Gewerkschaft. Im Februar 1932 überfielen ihn drei SA-Männern. Im Juni 1933 verurteilte das Sondergericht Altona ihn und seine drei Mitangeklagten ohne Schuldbeweis wegen gemeinschaftlichen Mordes zum Tode. Am 1. August 1933 richtete man Tesch auf dem Hof des heutigen Amtsgerichtes Altona mit dem Handbeil hin. Er war zwanzig Jahre alt.[151]

Am 1. Mai 1933, dem Tag der nationalen Arbeit, trat der namensgleiche Dr. Bruno Tesch der NSDAP und später – nach seinen Angaben nur als zahlendes Mitglied – der SS bei. Als Inhaber der Firma Tesch & Stabenow war er früher Otto Hechts Arbeitgeber. 1946 wurde er als einer der „Händler des Zyklon B"[152] für die Konzentrationslager des „Dritten Reiches" hingerichtet. Am 1. Mai 1933 schloß sich auch Professor Dr. Dr. Erich Martini der NSDAP an, im September 1933 ebenso dem Nationalsozialistischen Deutschen Dozentenbund, später auch der NSV (Nationalsozialistische Volkswohlfahrt) und dem Reichskolonialbund.[153] Wann mag Otto Hecht von der Parteizugehörigkeit seines unmittelbaren Vorgesetzten im Tropeninstitut erfahren haben?

Ende Mai 1933 schrieb Friedrich Fülleborn (1866-1933), seit 1930 Direktor des Tropeninstituts, an seinen Vorgänger Bernhard Nocht nach Spanien: „Wie Sie aus den Zeitungen erfahren haben werden, geht bei uns ja mancherlei vor und darunter auch recht vieles, was mir begreiflicherweise ernste Sorgen macht; dabei ist es nicht verwunderlich, daß auch meine alten Herzbeschwerden auf die aufregende Zeit reagieren, wenn schon ich bisher noch nicht zusammengeklappt bin, was ich mir jetzt ja auch nicht leisten kann!" In Sorge um einige Mitarbeiter fuhr er fort: „Nach dem Beamtengesetz werden wir Dr. Hecht, der sich so trefflich in sein Gebiet eingearbeitet hat und uns daher kaum entbehrlich ist, ja leider nicht halten können; Martini und ich suchen alles zu tun, um ihm eine Auslandsstelle zu verschaffen, bisher aber leider ohne Erfolg, da heutzutage ja nirgends in der Welt mehr Mittel für wissenschaftliche Stellen vorhanden sind. Immerhin hoffen wir, daß er wenigstens nicht vor dem Herbst entlassen wird, zumal er gerade ein Stipendium vom Völkerbund erhalten hat, um im August und September an dem praktischen Malariakurs in Italien teilzunehmen … – Außerdem gibt es so mancherlei, was es heute nicht gerade angenehm macht, ein Institut zu leiten, aber davon erzähle ich Ihnen besser persönlich." Fülleborn rechnete mit relativ guten Besucherzahlen beim Herbstkurs, „da vermutlich vielen jüdischen Kollegen jetzt tropenmedizinische Kenntnisse erwünscht sein werden." Aber: „Unser Malariakursus, an dessen Abhaltung dem Völkerbund so viel gelegen zu sein schien, kommt nicht zustande: Der Völkerbund hat keine Teilnehmer für uns."[154] Fülleborn war „der Brutalität der politischen Verhältnisse nicht gewachsen" und starb am 9. September 1933 an seinem Herzleiden.[155]

Am 3. Juli 1933 wurde Otto Hecht auf Grund des Gesetzes zur Wiederherstellung des Berufsbeamtentums als „Nichtarier" aus dem Tropeninstitut entlassen. Wenige Wochen später, am 31. Juli 1933, schloß Hecht das Vorwort für die bereits erwähnte, umfangreiche Arbeit zur Biologie der Stechmücken[156] bewundernswert vornehm ab: „Nachdem ich durch 5 aufeinanderfolgende 'Experimentelle Beiträge zur Biologie der Stechmücken' [einige] …

eigene Versuchsergebnisse mitgeteilt habe, … [hatte ich] ursprünglich … den Plan, eine Monographie über alles seither aus der Physiologie der Stechmücken bekannt gewordenes zusammenzustellen. – Mein Vorhaben ist in den Anfängen stecken geblieben. Äußere Verhältnisse zwingen mich, die intensive Beschäftigung mit der medizinischen Entomologie aufzugeben, und mich in ein anderes Tätigkeitsfeld einzuarbeiten. – … Ich glaube [aber]…, auch die hier vorliegenden Bruchstücke [seiner experimentellen Forschung, H.K.] der Öffentlichkeit übergeben zu dürfen, sie mögen dem einen oder anderen beim eigenen Arbeiten ein hoffentlich brauchbares Hilfsmittel sein. – Wenn ich heute die Beschäftigung mit der Stechmückenzoologie und mit der Tropenhygiene abbrechen muß, so bedeutet dies leider vor allem einen Abschied von der Zusammenarbeit mit Herrn Prof. Martini. Es ist mir darum heute ein ganz besonderes Bedürfnis, Herrn Prof. Dr. phil. et med. E. Martini, nachdem ich nahezu 6 Jahre in seinem Laboratorium habe arbeiten dürfen, auch an dieser Stelle meinen Dank zu sagen. Es war ein besonders wertvolles Geschenk, gerade unter einem Manne arbeiten zu können, der in jeglicher die medizinische Entomologie betreffende Arbeitsrichtung … in gleicher Vollkommenheit führend ist … Mit dem Dank an Herrn Prof. Martini darf ich den nicht minder großen Dank an Herrn Geheimrat Prof. Dr. F. Fülleborn, den Direktor des Instituts, verbinden, der mein Streben stets in der freundlichsten und herzlichsten Weise unterstützt hat."[157]

Welch' noble Worte von einem Mann, der sich als Opfer nationalsozialistischer Machtwillkür nicht nur von seiner so erfolgreich begonnenen wissenschaftlichen Arbeit und Karriere verabschieden muß, sondern mit seiner Familie vor dem Weg in ein ungewisses Schicksal steht! Im September 1933 verließen Otto und Rose Hecht mit ihren beiden Söhnen Deutschland. Einen Teil ihres Haushalts konnten sie in drei Containern mitnehmen.[158] Ihr steuerliches Vermögen unterlag der bereits im Jahr 1931 von der Regierung Brüning als Notverordnung zur Eindämmung der Kapitalflucht und Sanierung des Haushalts eingeführten 25-prozentigen Reichsfluchtsteuer.[159] Es ist allerdings nicht bekannt, ob das Vermögen der Hechts die damalige Steuergrenze von 200 000 Reichsmark überschritt. Die Familie fuhr mit der Eisenbahn nach Marseille, wo sie einige Tage in einem Hotel auf ihr Schiff warteten. Der älteste Sohn Rudolph erinnert sich, wie er und sein kleiner Bruder heimlich das Hotelzimmer verließen und den Eltern beim Tanzen im Ballsaal zuschauten. Auch den französischen Luxusdampfer Champollion für 451 Passagiere, mit drei Schornsteinen und etwa 160 m Länge ein imposantes Schiff, behielt er im Gedächtnis. Auf diesem erreichten sie Jaffa in Palästina.[160]

In Palästina 1933-1940

Otto Hecht fand Arbeit in der Entomologischen Abteilung der Landwirtschaftlichen Versuchsstation der Jewish Agency in Rehovoth.[161] Dort untersuchte er die Insektenfauna in Zitrushainen sowie die Bedeutung von Marienkäfern (Coccinellidae) zur biologischen Kontrolle von Schadinsekten.[162] Sechs Monate lang arbeitete er unbezahlt, dann erhielt er ein Gehalt aus ungenügend und unregelmäßig kommenden Stipendien.[163]

Rehovot war 1890 von orthodoxen polnischen Juden gegründet worden. Als Hechts ältester Sohn Rudolph zur jüdischen Schule sollte, mußten er und sein jüngerer Bruder hebräische Namen tragen. Rudolph wurde zu Rafael und Fritz zu Gawriel. Rudolph legte den hebräischen Namen gleich nach Verlassen Palästinas wieder ab und vergaß auch das in der Schule gelernte Hebräisch vollständig. Fritz hingegen behielt den Namen Gawriel und nennt seinen Bruder bis heute Rafael.[164]

Die Hechts bewohnten ein zweistöckiges Haus inmitten von Zitrusbäumen am Ortsrand des südlich von Jaffa-Tel Aviv in der Küstenebene gelegenen Rehovoth. Sie genossen die Mittelmeerküste und die Steinwüste sowie die bunte arabische Welt und bewunderten die Erfolge der „jüdischen Kolonisation". Manche interessante Plätze auf arabischem Gebiet aber blieben ihnen wegen der arabischen Unruhen verschlossen.[165] Palästina sollte nach der Auflösung des Osmanischen Reiches (1918) keine Ruhe mehr finden. Die britische Regierung stellte den Arabern 1915 für ihre Hilfe gegen die osmanischen und deutschen Truppen und bei der Eroberung Palästinas die Herrschaft über das Land in Aussicht. Aber 1916 versprach sie im geheimen Sykes-Picot-Abkommen mit Frankreich und Rußland, die Region mit den Verbündeten zu teilen. In der Balfour-Deklaration von 1917 erklärte sie wiederum, sie begünstige in Palästina die Errichtung einer nationalen Heimstatt für das jüdische Volk, wobei aber nichts geschehen sollte, was die Rechte existierender nicht-jüdischer Gemeinschaften schmälern könnte. Während der britischen Militärverwaltung, die Hebräisch als dritte Landessprache neben Englisch und Arabisch anerkannte, sowie ab 1920 unter der Zivilverwaltung des britischen Mandats Palästina brachen mehrfach arabische Aufstände aus.

Infolge der Einwanderung stieg der jüdische Bevölkerungsanteil zwischen 1922 und 1929 von 12,9 % auf 18,9 %. Die Juden siedelten vorwiegend in den Städten. Auf dem Lande betrieben sie moderne Landwirtschaft mit ausschließlich jüdischen Arbeitskräften, vor allem in Zitrusplantagen. Die Judenverfolgung des „Dritten Reiches" ließ viele Emigranten aus Europa nach Palästina kommen, wo sie ihre relativ großen Vermögen in den Städten investierten.

Die Zahl der Araber wuchs durch Kinderreichtum, dennoch fühlten sie sich durch die jüdische Immigration bedroht. Außerdem kam es zwischen den beiden Volksgruppen zu religiösen Konflikten besonders an der Klagemauer. In den 1930er Jahren entstanden in der Nachbarschaft Palästinas der Irak, Syrien und Ägypten als unabhängige Staaten.[166] Die palästinensischen Araber forderten von der Mandatsmacht eine demokratische Verfassung. Vor diesem Hintergrund begann im April 1936 die arabische Revolte, zunächst mit einem halbjährigen Generalstreik. Bewaffnete arabische Gruppen, verstärkt aus Syrien und dem Irak, kämpften gegen britische Truppen und kontrollierten 1938 praktisch das gesamte Land außerhalb der grossen Städte und der jüdischen Siedlungen.[167] 1940 lebten in Palästina über 1,5 Millionen Menschen, darunter etwa 30 % Juden. Im Mai 1947, ein Jahr vor Gründung des Staates Israel, schrieb Otto Hecht: „Leider war auch [in Palästina] alles getrübt durch den Moloch 'Nationalismus': Während unserer Jahre dort [waren es] die zuerst von Benito Mussolini (1883-1945), dann noch kräftiger von Hitler geschürten und bezahlten arabischen Unruhen, und heute [sind es] jüdischer Terrorismus und seine Nachläufer und Dulder"[168] – letzteres wohl bezogen auf den 1944 beginnenden zionistischen Guerillakrieg gegen Briten und Araber.

Seit Januar 1937 war Otto Hecht mit einem Forschungsstipendium des British Council Volontär im Laboratorium für Experimentelle Pathologie der Hebräischen Universität in Jerusalem. Er studierte Methoden der Gewebezüchtung, bearbeitete Beziehungen zwischen Viren und tierischen Wirtszellen mittels Gewebekulturen sowie die Wirkungen von Röntgenstrahlen auf die Zellteilung und auf die Entwicklung von Insektenlarven.[169] Aber bald traten wieder finanzielle Probleme auf, im Januar 1938 hatte Hecht seit einigen Wochen kein Gehalt erhalten.[170] Seine Tätigkeit endete im Juni 1940; sein Stipendium war wegen des Zweiten Weltkrieges gestrichen worden. Der 1939 geplante Wechsel nach England kam ebenfalls durch den Krieg nicht zustande.[171]

Die Familie Hecht wohnte in Montefiori, auf Hebräisch Kiryat Moshe, einem nordwestlichen Vorort von Jerusalem. Hier hatte ein jüdischer Unternehmer ein kleines, drei- bis vierstöckiges Hotel gebaut, allerdings so dicht am arabischen Gebiet, daß es sich wegen der Unruhen nicht als Hotel eignete. Deshalb wandelte er das Gebäude in ein Apartmenthaus um. Die Hechts mieteten die erste Etage. Der große Speiseraum mit Terrasse diente als Wohnzimmer, der Raum mit den breiten Fenstern als Küche und Eßzimmer. Allmählich zogen einige von Hechts Kollegen an der Hebräischen Universität in die Nachbarschaft; es entstand eine freundschaftlich kollegiale Atmosphäre.[172]

Ansonsten lebten im Vorort Kiryat Moshe ultraorthodoxe Juden. Am Sabbat und an hohen jüdischen Feiertagen versperrten sie die Hauptstraße mit einer Kette, so daß 24 Stunden lang keine Autos oder Busse fuhren. Der Sohn Rudolph ärgerte sich, daß er dadurch mindestens einmal in der Woche zu Hause bleiben mußte. Die Hechts hielten sich als Atheisten nicht an die Fastengebote. Aber sie ermahnten ihre Söhne, sich am höchsten jüdischen Feiertag Yom Kippur, dem Tag der Buße und des Fastens, nicht beim Essen draußen sehen zu lassen, oder wenn sie während des Pessach Brot zu sich nahmen.[173]

Zum Jahresende 1937 sandte Erich Martini seinem ehemaligen Assistenten Otto Hecht eine offizielle Einladung zum VII. Internationalen Kongreß für Entomologie Ende August 1938 in Berlin und fügte persönliche Neujahrsglückwünsche bei. Als Präsident des Kongresses gelang es Martini, beachtliche Naziprominenz einzubinden: Schirm-

herr des Kongresses war als Vertreter des „Führers" und
Reichskanzlers Bernhard Rust, Reichsminister für Wissenschaft, Erziehung und Volksbildung; dem Ehrenausschuß
gehörten an: „Generalfeldmarschall H. Göring, Minister-
präsident, Beauftragter für den Vierjahresplan und Reichs-
forstmeister. Joachim von Ribbentrop, Reichsminister des
Äußeren. Freiherr von Neurath, Reichsminister, Präsident
des Geheimen Kabinettsrates. R. W. Darré, Reichsminister für Ernährung und Landwirtschaft und Reichsbau-
ernführer. Dr. Frick, Reichsminister des Inneren. Dr. Lip-
pert, Oberbürgermeister und Stadtpräsident der Reichshauptstadt Berlin. Reichsleiter Fiehler, Oberbürgermeister
der Hauptstadt der Bewegung München." Erst danach
folgen vier Wissenschaftler. Zum 30-köpfigen, rein männ-
lichen Organisationsausschuß zählten zwölf politische Vertreter, einige aus den Reichsministerien, gleich zwei aus
Goebbels Reichsministerium für Volksaufklärung und Propaganda sowie ein SS-Obersturmführer.[174] Im Januar 1938
bedankte sich Otto Hecht für die Einladung, der er „leider" – man möchte hinzufügen: selbstverständlich – „nicht
Folge leisten kann … Ihre freundlichen Wünsche ermun-
tern mich, auch … von mir hören zu lassen. Gutes kann
ich … in beruflicher Beziehung … nicht berichten." Hecht
erwähnte seine erfolglose Suche nach Möglichkeiten zur
Fortsetzung der wissenschaftlichen und beruflichen Laufbahn in anderen Ländern. Zwar erhielt er auf viele seiner
Anfragen „anerkennende Antworten, übervoll von Freundschaft und Verständnis, aber leider … keine realisierbaren
Aussichten. Diese Sympathien mit ihrer Wertschätzung
sind das einzige, was mich noch nicht ganz verzweifeln und
jegliche Hoffnung fahren läßt. Die Lage ist eben durch
die Überflutung der Welt mit heimatlosen Forschern immer schwieriger geworden."[175] Falls Martini in diesen Worten seines ehemaligen Schülers einen versteckten Hilferuf
gespürt haben sollte, setzte er sich dennoch bei keinem

der Kongreßteilnehmer aus 60 Ländern der Erde[176] für seinen ehemaligen Kollegen ein, jedenfalls erwähnte er nichts davon, als er den Brief Hechts 1946 beim Entnazifizierungsverfahren als entlastenden Beleg einreichte.[177] – Professor Hans Vogel hingegen sandte Hecht einen Brief durch einen heimkehrenden ausländischen Gast des Tropeninstitutes.[178]

Auswanderung nach Venezuela [179]

Die Regierung Venezuelas lud Hecht 1940 ein, am Institut für Hygiene in Caracas als Entomologe zu arbeiten. So lösten die Hechts ihren Haushalt auf, lagerten einiges in Jerusalem ein, und Rose verkaufte schweren Herzens die seit ihrer Jugend gesammelten Biedermeier-Möbel billig an einen armenischen Antiquitätenhändler. Auch die Söhne mußten ihren kleinen Besitz fast ganz aufgeben. Für jedes Familienmitglied blieb nur ein Koffer.

In den ersten Junitagen des Jahres 1940, etwa drei Wochen nach Beginn des deutschen Angriffes auf Frankreich, Belgien und die Niederlande, fuhren die Hechts nach Haifa, um dort mit anderen Passagieren ein Schiff nach Amerika zu besteigen. Da trat am 10. Juni Benito Mussolini an Hitlers Seite in den Krieg ein, als dieser den „Blitzkrieg" im Westen de facto bereits für sich entschieden hatte. Damit war den Amerikareisenden der Weg durch das Mittelmeer abgeschnitten. Nur knapp entgingen die Hechts der Gefahr, durch italienische Kriegsschiffe aufgebracht und an die Nazis ausgeliefert zu werden. Da sie in Palästina wie in einer Mausefalle festsaßen, faßten Otto und Rose Hecht den schweren Entschluß, „andersherum" nach Amerika zu gelangen. In Jerusalem trafen sie, inzwischen im Besitz englischer Pässe, ihre Reisevorbereitungen und beschafften sich die erforderlichen Visa.

An einem frühen Morgen verließ die Familie in einer kleinen Reisegruppe Jerusalem. Die Karawane aus drei Autos mit arabischen Fahrern fuhr durch Jericho zum Jordan und gelangte über die Allenby-Brücke nach Transjordanien (heute: Königreich Jordan). Der Weg nach Bagdad bis zum Euphrat führte durch die Syrische Wüste. Sie waren drei Tage und drei Nächte unterwegs. Die Kinder schliefen auf den Rücksitzen. Manchmal stoppten Beduinen die Karawane und kontrollierten die Wagen. Obgleich die Fahrer sich in der Wüste verirrten, erreichten sie schließlich den Euphrat und bald darauf Bagdad. Nach einigen Stunden dringend benötigter Ruhe nahmen sie den Zug nach Basra, wo sie einen unbeladenen britisch-indischen Dampfer bestiegen, der in Indien Kriegsgüter laden sollte. Als das leere Schiff aus dem heißen Persischen Golf in das Arabische Meer kam, schlingerte es fürchterlich im Monsun, und fast alle wurden seekrank. Nach einer Woche gingen sie endlich in Bombay von Bord.

Bombay mit dem Gateway of India beeindruckte die ganze Familie, wie wohl jeden Indienbesucher, der hier ins Land kommt. Die Stadt war 1940 eine Metropole mit über einer Million Einwohnern, breiten Straßen, eindrucksvollen kolonialen Bauwerken und wundervollen Parks. Der indische Arzt Dr. Yotis Chandra Ray, seit seinem Besuch im Hamburger Tropeninstitut mit Otto Hecht befreundet, kümmerte sich um sie und zeigte ihnen die zahllosen Kunstwerke in und um Bombay.

Um ein Schiff nach Amerika zu erreichen, durchquerten die Hechts Indien von Bombay nach Kalkutta. In Kānpur nahe dem Ganges waren sie einige Wochen Gäste von Ottos Vettern, den Brüdern Max und Peter Thalmessinger.[180] Max, der ältere, war vor Jahren als Einkäufer der bekannten jüdischen Adler & Oppenheimer Lederfabrik A.G.[181]

von Berlin nach Indien gekommen. Als Hitler in Deutschland die Regierung übernahm, machte Max sich in Indien selbständig und belieferte im Krieg die Britische Armee mit Schuhleder. Die Folgen einer in Indien erlittenen Kinderlähmung zwangen ihn in den Rollstuhl. Ständig bemühten sich Bedienstete um ihn. Zweimal täglich schwamm er in seinem Pool. Peter, der jüngere Bruder, traf erst später ein, galt als jüdischer Deutscher im damaligen Britisch-Indien als feindlicher Ausländer und stand unter Hausarrest. Gleichwohl bemühte er sich um die Tochter des englischen Gouverneurs der Nordwestprovinz (heute Uttar-Pradesh) und heiratete sie später.[182]

Von Kānpur aus besuchten die Hechts das hübsche Lucknow mit seinen Basaren, Palästen und Moscheen. In Agra besichtigten sie die Burg und das wunderbare Taj Mahal. Otto Hecht verdeutlichte später, wie sehr sie alle Sehenswürdigkeiten von Bombay nach Kalkutta studierten und das Monsunklima „genossen". Mit oder ohne Geld, häufiger ohne als mit, fanden sie immer etwas, das ihnen und den Söhnen Freude bereitete.[183]

Schließlich nahm die Familie den Zug nach Kalkutta und ging an Bord der MS Jagersfontein, einem Fracht-Passagierschiff von 10 000 BRT für 115 Passagiere in zwei Klassen. Die Hechts reisten als Zwischendeckpassagiere in überfüllten Quartieren. Da deutsche U-Boote im westlichen Pazifik operierten, erfuhr der Kapitän erst auf See durch einen verschlüsselten Funkspruch, welchen Hafen er anlaufen sollte. Trotz der Enge überstand die Familie die sieben Wochen während Schiffsreise gut. Der holländische Steward und die malaiischen Boys behandelten sie wie Passagiere der 1. Klasse. Alle freuten sich auf Landgänge. In Singapur genossen sie auf dem Markt die chinesische Küche. Nach weiteren Stationen[184] kamen sie nach Honolulu, besuchten Waikiki Beach und den erloschenen Vulkan Diamond Head mit seiner üppigen Vegetation. Endlich erreichten sie Nordamerika. In Los Angeles nahmen freundliche Verwandte sie in Empfang. Mit Schrecken stellten die Hechts fest, daß ihr Geld nichts mehr wert war. Weil die deutsche SS über 130 Millionen Pfund Sterling fälschen ließ[185], mußten auf Anordnung der Bank von England alle Britischen Sterling-Banknoten innerhalb von 72 Stunden bei einer britischen Bank oder einem britischen Konsularbeamten abgestempelt werden – zu der Zeit aber befanden sie sich auf dem Pazifik.

Im berühmten Streamliner City of Los Angeles, einem stromlinienförmigen Zug der Union Pacific Eisenbahngesellschaft erreichten sie in fast drei Tagen Chicago, Illinois. Von dort begaben sie sich zu Otto Hechts Bruder Paul, seiner Frau Silly, geborene Hermann (1896-1970) und deren Kindern Lisa, Ted und Erica[186] in Dearborn bei Detroit, Michigan.

Paul ließ sich nach dem Ersten Weltkrieg als Arzt in Stuttgart nieder. Durch Otto lernte er seine spätere Frau Silly, eine Katholikin aus der Tschechoslowakei, kennen. Um eine von beiden Elternpaaren mißbilligte „Mischehe" zu vermeiden, konvertierten Paul und Silly zum Protestantismus. Otto drängte seinen Bruder, Nazi-Deutschland schnellstens zu verlassen. Paul aber glaubte, er könne notfalls mit seiner Familie im Auto zu den Schwiegereltern in die Tschechoslowakei fahren. Aber Hitler kam ihm mit der Besetzung des Sudetenlandes zuvor[187] – das weitere Schicksal der Familie Paul Hecht schildert sein Bruder Otto im unten wiedergegebenen Brief an Erich Martini.[188] Paul arbeitete 1940, inzwischen 46 Jahre alt, als Assistenzarzt (house physician) mit befristetem Vertrag und bereitete sich auf das amerikanische Examen vor, der Voraussetzung für eine Lizenz zur selbständigen ärztlichen Tätigkeit in den USA.

Von Dearborn reiste die Familie weiter nach New York zu Rose Hechts jüngerer, sehr lebhaften Schwester Annie.

Deren Mann, Professor Dr. Max Wertheimer (1880-1943), entstammte einer intellektuellen, künstlerisch begabten jüdischen Familie aus Prag, beschäftigte sich schon als Kind mit Mathematik, Philosophie und Literatur, spielte Klavier und Geige und komponierte. Nach dem Juraexamen studierte er bis 1904 Philosophie und Psychologie. Aus seinen 1910 bis 1916 durchgeführten Experimenten zur Wahrnehmung der Bewegung entwickelte er die Gestalttheorie.[189] 1929 wurde er Ordinarius für Psychologie und Philosophie in Frankfurt. Angesichts der zunehmenden Stärke der Nationalsozialisten emigrierte die Familie Wertheimer, kurz bevor Hitler 1933 an die Macht kam, über die Tschechoslowakei nach Amerika. Als bekannter Wissenschaftler fand er sofort eine Stellung an der New School for Social Research in New York und beeinflußte mit seinen Seminaren zahlreiche amerikanische Wissenschaftler. Aus dem Exil unterstützte er in Deutschland gefährdete Wissenschaftler.[190] Max und Anni Wertheimer hatten vier Kinder, das älteste starb früh, die drei anderen studierten Psychologie.[191]

New York beeindruckte Otto Hecht und die Seinen. In Princeton besuchte er einige ihm teils nur aus Korrespondenzen bekannte Forscher am Rockefeller Institute[192], die ihn überaus herzlich aufnahmen.[193] Nach einigen Wochen begann der letzte Schritt der langen Reise an Bord des für 225 Passagiere gebauten Luxusdampfers Santa Paula. Anfang Oktober 1940 erreichten sie endlich Caracas. Später schrieb Otto Hecht: „Es war keine reine Vergnügungsreise, diese ʻWeltumsegelungʼ, auf der wir nie wußten, werden wir auch wirklich weiterkommen ... Aber trotz aller Schwierigkeiten gehört diese Reise natürlich zu den wertvollsten Erinnerungen unseres Lebens, wenn wir dabei fremde Länder auch nur gleichsam im Fluge berührt haben, die gewonnen Eindrücke haben uns alte Menschen noch weiter geformt und gebildet."[194]

Lateinamerikanisches Exil
in Venezuela 1940-1945

Daß ich bei diesem unsteten Wanderleben
nicht das leisten konnte, was man unter
mehr normalen Umständen erwarten mußte.

Otto Hecht, 1946

Während der Reise nach Caracas änderte sich in Venezuela die Wissenschaftspolitik[195], wohl infolge des Wechsels der Präsidentschaft des Landes. Der Direktor des Instituto Nacional de Higiene, der Hechts Berufung veranlaßt hatte, zog sich in eine private Tätigkeit zurück.[196] Gleichzeitig verschlechterte sich die finanzielle Lage des Landes, das infolge des deutschen U-Boot-Krieges weniger Öl verschiffen konnte. Otto Hecht wurde nach gerade vier Monaten Tätigkeit am Hygieneinstitut arbeitslos. Während der nächsten fünf Jahre erhielt er verschiedene, meist schlecht bezahlte und zeitlich begrenzte wissenschaftliche Sonderaufträge[197]. Zwischendurch war er über Monate arbeitslos. Venezuela galt damals als eines der teuersten Länder der Welt, das viele notwendige Dinge importierte. Die Hechts mußten sich „scheußlich durchquälen"[198], jede Arbeitslosigkeit ging mit einer finanziellen Katastrophe einher. Zum Glück halfen wohlhabende deutsch-jüdische Flüchtlinge mit Geld und Lebensmitteln.[199]

Caracas liegt unweit der Küste 835 m hoch in einem landschaftlich reizvollen, klimatisch angenehmen von Bergen umschlossenen Tal. Die Familie wohnte in verschiedenen Vororten, immer mit einem kleinen Garten und Aussicht auf die über 3 000 Meter hohen Berge Pico Avila und Pico Naiguta. Otto Hecht als erfahrener alpiner Bergsteiger erklomm mit seiner Frau und den Söhnen die Gipfel, wegen der großen Hitze oft in Vollmondnächten. Vielfach war es eine Schinderei auf schlechten, steilen Pfaden oder durch unwegsames Gelände. Dafür boten sich großartige Ausblicke: 3 000 m herab auf das Meer oder in das Tal mit Caracas sowie auf viele parallele Bergketten. Auch die tropischen Bergpflanzen weckten Begeisterung.[200]

In Caracas traf Otto den jüdisch-deutschen Professor Martin Mayer wieder, der als Frontkämpfer des Ersten Weltkrieges erst 1935 vom Hamburger Tropeninstitut entlassen worden war.[201] Zwischen 1933 und 1935 war er am Institut schlimmen Diskriminierungen und persönlichen Angriffen ausgesetzt, ehemalige Freunde mieden ihn und seine Familie. Nach der Reichspogromnacht 1938 beschlossen er und seine Frau, Deutschland zu verlassen. Der venezolanische Tuberkuloseforscher José Ignacio Baldó, als junger Arzt in Hamburger Universitätskliniken und im Tropeninstitut tätig, bot Mayer eine Stellung in der Forschungsabteilung des Instituto Nacional de Higiene (Hygieneinstitut) in Caracas an. Mayer besaß durch zwei auch in Spanisch erschienene tropenmedizinische Bücher[202] einen guten Namen bei lateinamerikanischen Kollegen. Andererseits waren er und seine Frau Charlotte, geborene Lauinger, seit gut 60 Jahren fest in ihrer deutschen Heimat verwurzelt und sprachen kein Spanisch. So bedeutete die Emigration in das tropische und in kultureller Randlage befindliche Venezuela für sie einen schweren Entschluß, aber auch die einzige Möglichkeit, ihr Leben zu retten und im Beruf zu arbeiten. Im März 1939 verließ er „mit Genehmigung der Hansestadt Hamburg das Deutsche Reich"[203] und schiffte sich mit seiner Frau und dem Sohn Peter (*1922) in Amsterdam nach Venezuela ein. Am Hygieneinstitut in Caracas lernte er den wesentlich jüngeren

Wissenschaftler Félix Pifano (1912-2003) kennen. Während Mayer unter großen Mühen Spanisch lernte, entwickelte sich zwischen ihm und Pifano eine fruchtbare Zusammenarbeit. Bei gemeinsamen tropenmedizinischen Arbeiten profitierte der jüngere von Mayers großen Erfahrungen. 1945 gelang es Pifano mit Mayers Unterstützung, einen Lehrstuhl für Tropenpathologie an der Universität in Caracas einzurichten. Dort wurde Mayer Extraordinarius. 1947 erhielt er für seine Verdienste um die venezolanische Tropenmedizin die Ehrendoktorwürde der Universität – die Nazis hingegen hatten ihm 1941 die deutsche Staatsbürgerschaft, seine akademischen Grade und seine bis dahin nach Caracas überwiesene Pension abgesprochen.[204] Trotz seiner leitenden Position am Hygieneinstitut reichte sein Gehalt wegen der hohen Lebenshaltungskosten kaum für die dreiköpfige Familie. So vermochte er auch Otto Hecht nicht zu helfen, der es als junger, noch wenig bekannter Wissenschaftler in Venezuela wesentlich schwerer hatte als er.

Ein weiterer Bekannter aus der Hamburger Zeit war Dr. Arnoldo Gabaldón[205] (1909-1990), seit 1936 Leiter der Abteilung für Malariabekämpfung am venezolanischen Gesundheitsministerium. Er lernte Hecht 1931 in Hamburg bei einem Kurs des Tropeninstitutes kennen und vermittelte ihm gelegentlich Arbeit.[206]

In Venezuela herrschte eine Militärdiktatur, die unter General Juan Vincente Gomez (1857-1935) von einer gewinnbringenden Nutzung der Ölvorkommen, aber auch von Grausamkeiten gegenüber politischen Gegnern bestimmt war. Zwar liberalisierten die nachfolgenden Generäle Eleazar López Contreras (1883-1973) und Isaías Medina Angarita (1897-1953) das Land,[207] doch blieben die antiquierten sozialen Strukturen im sich rasch entwickelnden Venezuela bestehen. Die höhere Gesellschaft verhielt sich Ausländern gegenüber äußerst reserviert. Die übrige, meist arme Bevölkerung konnte weder schreiben noch lesen. Viele Venezolaner nannten Ausländer abfällig Musiu (von Monsieur), Juden galten als Turcos, Türken. Rudolph, der älteste Sohn der Hechts, fühlte sich in Venezuela nicht wohl.[208] Seine Eltern wünschten wegen der begrenzten Bildungschancen im Lande, daß er in den USA Medizin studieren würde.[209]

Die Politik Venezuelas war US-orientiert, weil Standard Oil mit dem Ölgeschäft 65 % des venezolanischen Nationaleinkommens beherrschte. Als die USA nach dem Bombardement von Pearl Harbour im Dezember 1941 erst Japan, dann auch Deutschland und Italien den Krieg erklärten, brach Venezuela seine diplomatischen Beziehungen zu den Achsenmächten ab und öffnete den US-Streitkräften Häfen und Flugplätze. Wegen der U-Bootgefahr trat es aber zunächst nicht in den Krieg ein. Am 16. Februar 1942 griffen drei deutsche U-Boote fast gleichzeitig mittel- und südamerikanische Häfen an: Maracaibo in Venezuela sowie Aruba und Trinidad. Gleichwohl erklärte Venezuela den Achsenmächten erst im Februar 1945 den Krieg, gerade rechtzeitig, um auch als Gründerstaat der Vereinten Nationen zu gelten.[210] Unter diesen Umständen durften Ausländer während des Zweiten Weltkrieges in Venezuela nur beschränkt reisen. Aber Otto Hecht besaß als Entomologe eine Ausnahmegenehmigung. Gelegentlich begleitete ihn sein Sohn Rudolph als Hilfskraft auf Expeditionen.[211]

Dreimal weilte Otto Hecht in den ausgedehnten dichten Urwäldern der Zona Guyana südlich des Orinoco. Dabei untersuchte er die Beziehung von Waldmoskitos zum Dschungelgelbfieber[212] und spürte der Bedeutung verschiedener Floharten bei der Verbreitung einer endemischen Waldnagetierpest nach.[213] Öfter reiste er auch in die Llanos, die Savannen im Tiefland des Orinocos, wo er Viehplagen wie den Befall mit Fliegenlarven oder Zecken sowie gusano de monte studierte.[214] Bei dieser Seuche heften Dassel-fliegen (Dermatobia hominis) ihre Eier im Fluge an bestimmte Insekten. Wenn diese dann an Warmblütern Blut saugen, schlüpfen die Dasselfliegenlarven, dringen unter die Haut des Wirtes und verursachen furunkelähnliche Schwellungen (Myiaisis furunculosa).[215] Die Expeditionen erfolgten unter primitiven Umständen. Nicht selten waren tagelange Ritte oder beschwerliche Fußmärsche bei großer Hitze notwendig. Heftige Tropengewitter durchnäßten manchmal die Teilnehmer. Dennoch behielten die Unternehmungen für Otto Hecht „ihren romantischen Schimmer".[216]

In Caracas untersuchte er die Ursachen der Fliegenplage und setzte seine in Hamburg begonnenen Experimente über die allergischen Reaktionen durch Insektenstiche fort.[217] Als Frucht seiner vielseitigen Forschungen veröffentlichte er zwischen 1942 und 1945 elf wissenschaftliche Arbeiten in spanischer Sprache.[218] Im Sommer 1945 verließ er Venezuela, wo er für sich und seine Familie keine Perspektive mehr sah, und ging nach Mexiko. Martin Mayer bedauerte seine Auswanderung, hätte Hecht dem Land doch viel nützen können.[219]

Auswanderung nach Mexiko[220]

Im Mai 1945 hatten die Alliierten den Krieg in Europa gewonnen. Die Hechts wanderten im Juli 1945 nach Mexiko aus, als auch der Krieg in Asien mit zahlreichen militärischen Landungsaktionen auf den pazifischen Inseln seinem Ende entgegenging. Ihre Flugreise vom Flughafen Maiquetía nahe Caracas bis nach Mexiko-Stadt dauerte in der damals üblichen zweimotorigen Douglas DC 3 mit

21 Passagieren etwa drei Wochen. Die DC 3 mußte zum Auftanken mehrfach landen. Jedesmal benötigten zivile Passagiere wegen des Krieges eine „priority reservation" für den nächsten Flugabschnitt. Nach den ersten beiden Zwischenstationen konnten die Reisenden schnell weiterfliegen. Schließlich saßen sie zwei Wochen in Havanna auf Kuba fest, der größten und eindrucksvollsten Hafenstadt auf den westindischen Inseln, und erlebten, wie die Kubaner auf den Straßen fröhlich und ausgelassen das Kriegsende feierten. Endlich erreichten sie via Mérida auf der Halbinsel Yukatán Mexiko-Stadt.

Schicksale von Angehörigen in Europa

Große Verwandtschaften sind zu einem
Nichts zusammengeschrumpft.

Otto Hecht, 1947

Giovanni und Anneliese Geschmay, Industrielle

Otto Hecht berichtete 1946 im Brief an Erich Martini[221] über die Greueltaten der Nationalsozialisten an seinen Angehörigen. Von den Verwandten, die Deutschland nicht rechtzeitig verlassen konnten, verschleppten die Nazis seine Eltern und einen Großonkel[222] nach Theresienstadt, wo die Eltern elendiglich starben; der Großonkel verlor sein Erinnerungsvermögen für die Zeit nach 1933.[223] Viele Verwandte und Freunde, die in europäische Länder flohen, fielen nach kurzer Freiheit wieder in die Hände der Nazis und wurden ermordet.[224]

Nur Otto Hechts jüngerer Schwester Anneliese Geschmay und ihrer Familie gelang es, das „Dritte Reich" im kontinentalen Europa zu überleben.[225] Sie war mit dem jüdischen Industriellen Hans Geschmay verheiratet, dessen Vater David Geschmay die Württembergische Filztuchfabrik D. Geschmay in Göppingen gegründet hatte. Mitte der 1930er Jahre zogen die jungen Geschmays von Deutschland ins faschistische Italien. Dort machte sich der Antisemitismus erst 1938 infolge des Einflusses der Nationalsozialisten bemerkbar. Hans Geschmay, der sich jetzt

Giovanni nannte, gründete eine neue Firma nahe Venedig.[226] Die Nazis enteigneten das Unternehmen D. Geschmay in Göppingen.[227] Im August 1942 deportierten sie den Firmengründer David Geschmay und seine Frau Pauline, beide überlebten nicht.[228] Nach der Kapitulation Italiens Anfang September 1943 besetzte die deutsche Wehrmacht das Land bis südlich von Rom. Mit Hilfe guter Freunde verbarg sich die Familie Geschmay vor den Deutschen. Die Mutter mit den drei Töchtern[229] überlebte den Krieg in einem Kloster, der Vater unweit davon als Tischler in einem norditalienischen Bergdorf. Gelegentlich konnte er Frau und Kinder besuchen.[230]

Lotte Caro, Lehrerin

Auch Rose Hecht verlor viele Angehörige in der Shoah. Ihre unverheiratete Schwester Lotte Caro, von Beruf Lehrerin, mußte in das Judenhaus Landshuter Straße 35 (Gartenhaus parterre)[231] in Berlin-Schöneberg ziehen. Es lag im Bayerischen Viertel, auch „Jüdische Schweiz" genannt, wo seit der Wende zum 20. Jahrhundert viele gut situierte und assimilierte Juden in noblen, großbürgerlichen Häusern wohnten.[232] Im „Dritten Reich" verloren die jüdischen Hauseigentümer ihren Besitz durch Zwangsverkauf oder Enteignung.[233] Einige Häuser jüdischer Eigentümer in Schöneberg wurden als sogenannte Judenhäuser auf behördliche Anordnung mit Juden aus ganz Berlin belegt und schikanös überfüllt.

In welch bedrückender Lage sich die Betroffenen befanden, ist der Schilderung Victor Klemperers[234] (1881-1960) aus den Dresdener Judenhäusern zu entnehmen.[235] Die Nazis erfanden immer mehr quälende Einschränkungen für die Juden in Deutschland – im Juni 1942 zählte Klemperer 31 antijüdische Verordnungen.[236] Dazu gehörten das Ausgehverbot im Sommer ab 21 Uhr, im Winter ab 20 Uhr, sowie die Begrenzung der Einkaufszeit auf täglich eine Stunde zwischen 15 und 16 Uhr – in Berlin von 14 bis 15 Uhr[237] –, samstags von 12 bis 13 Uhr. Seit Dezember 1942 war es den Bewohnern von Judenhäusern untersagt, sich nach 21 Uhr innerhalb des Hauses gegenseitig zu besuchen. Kontrollen der Polizei oder Gestapo dienten der weiteren Einschüchterung.[238] Juden durften zunächst noch auf dem Vorderperron der Straßenbahn fahren, später nur noch während der Wege zur Arbeit und zurück, schließlich gar nicht mehr; auch Radfahren war nur für die Arbeitswege erlaubt. Juden wurde verboten, Telefone und Radios zu benutzen, Zeitungen zu abonnieren, Theater, Kinos, Konzerte, Museen, Leihbibliotheken sowie Markthallen und Bahnhöfe zu besuchen. Seit Einführung des Judensterns ab September 1942 konnten sie auch keine Gaststätten mehr betreten. Juden durften keine Haustiere halten, keine Blumen kaufen, mußten ihre Schreibmaschinen, Fahrräder und Elektrogeräte, wie Staubsauger, abgeben. Für Juden gab es keinen Fisch, keine Milch, keine Tabakwaren, keine Sonderzuteilungen wie Kaffee, Schokolade, Obst usw., auch durften sie keine Vorräte an Eßwaren im Hause haben. Gleichzeitig wurde die Freigrenze für die vom eigenen Geld auf Sperrkonten verfügbare Menge immer weiter herabgesetzt. Über all diese Schikanen, die man den Juden in Deutschland antat, stand für jeden von ihnen die Gefahr der Deportation in ein Konzentrationslager. Im Schöneberger Judenhaus Landshuter Straße 35 dürfte es ähnlich zugegangen sein.

Lotte Caro litt an einer chronischen Erkrankung der Hände, so daß sie nicht auswandern konnte,[239] aber auch wohl nicht in die Rüstungsindustrie zwangsverpflichtet wurde. Trotz ihrer Behinderung nähte sie Taschen für Deportationsopfer.[240] Am 9. Dezember 1942 im Alter von 48 Jahren nach Auschwitz deportiert, ist sie dort vermutlich sofort ermordet worden.

Fritz und Mile Rosenberg, Kunsthändler

Mile Rosenberg, geborene Pick, Rose Hechts Tante mütterlicherseits, war mit dem Berliner Kunsthändler Fritz Rosenberg[241] verheiratet. Rose liebte ihre Tante und besuchte sie gerne in Berlin.[242] Um 1930 bezog das kinderlose Ehepaar Rosenberg eine Etagenwohnung in der Pommerschen Straße 9 gegenüber dem Preußenpark in einem Neubaugebiet beim Fehrbelliner Platz in Berlin-Wilmersdorf.[243] Ob das Gebäude 1938 nach der Reichspogromnacht Judenhaus wurde, ist nicht bekannt. Damals begann Albert Speer (1905-1981) als „Architekt des Führers" und Generalbauinspekteur für die Reichshauptstadt einige zentrale und vornehme Stadtteile zu planen, um Platz zu schaffen für die gigantischen Bauten der „Welthauptstadt Germania", wie Berlin ab 1950 heißen sollte.[244] Um den dadurch verursachten Mangel an gehobenem Wohnraum auszugleichen, vertrieben die Nazis Juden aus ihren Quartieren – Albert Speer schrieb: „Tausend Judenwohnungen sollen geräumt werden."[245] Fritz und Mile Rosenberg wurde deshalb bereits im Oktober 1941 die Deportation angekündigt. Daraufhin begingen sie im Alter von siebzig Jahren gemeinsam Selbsttötung. Als man sie auffand, lebte Mile noch für geraume Zeit.[246]

Herbert und Margarete Pick,
Jurist und Kaufmann

Die Eheleute Herbert und Margarete Pick[247] unterstützten im „Dritten Reich" ihre entfernten jüdischen Verwandten. Herbert Pick (1910-1986) aus Landsberg an der Warthe war ein Vetter zweiten Grades der drei Caro-Schwestern. Sein jüdischer Großvater Siegmund Pick[248] (1842-1926) erwarb 1870 eine Holzhandlung mit Ziegelofen sowie das dazugehörige Grundstück.[249] Im Jahr darauf heiratete er, ohne getauft zu sein, die christliche Bertha Vogelsang (1842-1921) – seit 1847 war in Preußen auch eine bürgerliche Eheschließung anstelle der üblichen kirchlichen Trauung möglich.[250] Siegmund Pick, nun nicht mehr Mitglied der jüdischen Gemeinde, und seine Frau erzogen ihre vier Kinder christlich. Das dritte, Erich Pick (1876-1935), übernahm das väterliche Geschäft und heiratete die christliche Gertrud Hildebrandt (1886-1940). Ihr Sohn Herbert Pick studierte Jura und war nach dem ersten Staatsexamen als Assistent des bedeutenden Rechtshistorikers und Kirchenrechtlers Georg Ulrich Stutz (1868-1938) in Berlin tätig. Die Nazis zerstörten Herbert Picks Universitätslaufbahn. Auf Grund des Berufsbeamtengesetzes galt er wegen seines jüdischen Großvaters als „nicht arisch"[251] und wurde von der Universität verwiesen. Man kann nur ahnen, mit welcher Verbitterung er daraufhin als Volontär eine kaufmännische Ausbildung absolvierte und in die väterliche Kalkbrennerei, Baustoff- und Kohlenhandlung zu Landsberg an der Warthe eintrat – „Ich mußte Kaufmann werden!" beklagte er später.

Am 1. April 1933 riefen die Nazis die Deutschen zum Boykott jüdischer Geschäfte auf. SA-Männer postierten sich vor dem Pickschen Unternehmen, das auf einem verteilten Flugblatt mit den Namen jüdischer Firmen genannt war. Daraufhin begab sich der Ziegeleibesitzer Dipl. chem. Eduard Wentzell, Mitglied des republikfeindlichen und antisemitischen Stahlhelm[252], in seiner Uniform zur Kreisleitung der NSDAP und setzte sich für die Picks ein. Mit dem Argument, bei der Firma handele es sich nicht um ein jüdisches Geschäft, setzte Wentzell den Abzug der SA-Posten durch, eine unter den damaligen Umständen und dem schwierigen Verhältnis zwischen SA und Stahlhelm mutige Tat.

Am 15. September 1935 traten die sogenannten „Nürnberger Gesetze" in Kraft. Die Schautafel mit den Vererbungsgängen „Deutschblütiger – Mischling 2. und 1. Grades – Jude"[253] hing fortan in allen öffentlichen Gebäuden. Die Rassengesetze betrafen Herbert Pick als sogenannten „Mischling 2. Grades (Vierteljude)" nicht direkt. Dennoch mußten er und seine Braut, die „Arierin" Margarete Hartmann (*1914) aus Berlin, vor ihrer Heirat im Februar 1936 starke, aus der Zeit verständliche familiäre Widerstände überwinden, zumal auch das Trauerjahr für seinen Vater Erich Pick noch nicht abgelaufen war. Aus der Ehe gingen vier Kinder hervor, der älteste Sohn Erich[254] erblickte 1939 das Licht der Welt.

Wenn Magarete Pick ihre Familie in Berlin besuchte, kümmerte sie sich auch um die jüdischen Verwandten ihres Mannes. Für die unter zunehmender Verfolgung leidenden Menschen waren nicht-jüdische Besucher besonders hilfreich, da sie den angeordneten Beschränkungen nicht unterlagen. Eines Tages war Margarete bei Fritz und Mile Rosenberg in der Pommerschen Straße. Ihre Mutter und Schwester begleiteten sie, mochten aber nicht mit hineinkommen. Die Rosenbergs wollten gerne einen Spaziergang machen. Als Frau Pick mit den alten Leuten, die damals schon den gelben Stern trugen, auf die Straße ging, mußte sie erleben, daß ihre Mutter und Schwester nicht bereit waren, sie zu begleiten, sondern mit deutlichem Abstand folgten. Es war im „Dritten Reich" für nicht-jüdische Deutsche eben nicht selbstverständlich, jüdische oder als jüdisch geltende Deutsche zu besuchen oder sich gar mit ihnen öffentlich zu zeigen.

Zu ihrer angeheirateten Cousine Lotte Caro im Judenhaus Landshuter Straße 35 nahm Frau Pick ihren Sohn Erich mit. Er erinnert sich noch an die beengten Wohnverhältnisse und an ein Spielzeugschiff aus Blei, das seine Tante Lotte ihm schenkte.

Herbert Pick pflegte in Berlin Kontakt zu seinem Vetter, dem jüdischen HNO-Facharzt Wilhelm Sobernheim[255] im Bayerischen Viertel, und besuchte auch seinen Onkel, den Pathologen Professor Dr. Ludwig Pick. Im Januar 1939 nahm sich Dr. Sobernheim aus Verzweiflung über seine Situation das Leben, im Oktober 1941 waren es die Rosenbergs. Im Dezember 1942 teilte ein im Judenhaus wohnender Zahnarzt den Picks auf einer Postkarte mit, daß Lotte Caro „habe verreisen müssen"; sie war deportiert worden. Im März 1943 verschleppte man auch Ludwig Pick. Damit hatten die Nazis die Berliner jüdischen Verwandten und Bekannten der Picks beseitigt.

Knapp zwei Jahre später marschierten russische Truppen in Landsberg an der Warthe ein. Die seit 75 Jahren im Besitz der Familie Pick befindliche Kalkbrennerei, Baustoff- und Kohlenhandlung erlosch. Herbert Pick konnte mit Frau und Kindern flüchten. Da es sie nach Thüringen verschlug, das die Amerikaner nach der Besetzung den Russen übergaben, floh die Familie 1951 ein zweites Mal, nun nach Westberlin.

Ludwig Pick, Pathologe

Ludwig Pick[256], Rose Hechts Onkel mütterlicherseits, „gehörte im ersten Drittel [des 20.] Jahrhunderts zu den grossen, national wie international herausragenden pathologischen Anatomen", mehrere medizinische Begriffe tragen seinen Namen.[257] 1868 in Landsberg an der Warthe geboren, fielen sein „niedriger Körperwuchs" und seine „rundliche Gestalt" schon in der Schulzeit auf. Neben einem „fabelhaften Gedächtnis" besaß er mathematische, naturwissenschaftliche, aber auch musikalische Begabungen. Pick studierte Medizin. Während der letzten vier Semester in Königsberg „geriet [er] in den Bannkreis des Pathologen Ernst Neumann (1834-1918)", dem „Virchow des Ostens". An dessen Pathologischem Institut wurde Pick studentische Hilfskraft und zeigte als Demonstrator bei den Sektionskursen sein Lehrtalent: „Geschick beim Unterricht und Freude am Lehren – beides zeichnete Pick während seines ganzen Berufslebens aus." Aber er war auch, wie er später zugab, jung und töricht – „young and foolish", schrieb einer seiner späteren US-amerikanischen Schüler. Vom Mensurenfechten trug er zwei Narben im Gesicht – dazu auf einem Bild von 1901 einen hoch gezwirbelten Kaiser-Wilhelm-Bart.[258] Nach dem Staatsexamen diente Ludwig Pick 1892/93 als Einjährig-Freiwilliger im preußischen Heer[259], zuletzt als Unterarzt (entsprechend dem Rang eines Oberfeldwebels). Vermutlich nach mehreren Übungen avancierte er zum Stabsarzt der Landwehr und war also noch vor dem Ersten Weltkrieg Reserveoffizier.[260]

Seit August 1893 arbeitete Ludwig Pick als Assistent am pathologisch-anatomischen und bakteriologischen Laboratorium der Berliner Landauschen Privat-Frauenklinik, die sich in einem großen Neubau[261] dicht bei der Charité befand. Der jüdische Chefarzt Professor Dr. Leopold Landau (1848-1920), ein berühmter Gynäkologe, leitete seine Klinik für etwa 60 Patientinnen, die als Forschungsstätte bekannt war. Landaus Entscheidung, „den 24jährigen Pick als Assistenten einzustellen, sollte sich als Glücksfall erweisen – für Landau und für Pick." Letzterer wurde 1893 promoviert[262] und 1899 nach Vorlage von 17 seiner damals 26 Publikationen habilitiert.[263] Seit seiner Zeit als Privatdozent der Berliner Universität fungierte Pick an der Landauschen Frauenklinik als Vorstand des von ihm eingerichteten Laboratoriums. Dort hatte er „an einem reichen, auch von anderer Seite … zugewiesenen Material [Möglichkeiten] zu vielfachen pathologisch-anatomischen Untersuchungen … zum Ausbau der … Sammlung des Instituts und auch zu[m] … Unterricht."[264] Daraus gingen 59 Veröffentlichungen hervor.[265] Pick, der in der Landauschen Klinik wohnte, erschien morgens um sechs Uhr im Laboratorium und arbeitete bis abends sechs oder sieben.[266]

Im Jahr 1906 übernahm er in Berlin die Prosektur am pathologisch-anatomischen Institut des Städtischen Krankenhauses im Friedrichshain mit 6 000 Betten. Für das ungleich größere Arbeitsfeld standen ihm zwei Assistenten zur Seite. Wie schon in früheren Jahren kamen Doktoranden sowie Gastassistenten aus dem In- und Ausland zu ihm, mit denen er je nach Herkunft fließend Englisch oder Französisch sprach. Neben der Lehre setzte er seine umfangreiche wissenschaftliche Tätigkeit fort, mit etwa 130 Veröffentlichungen bis 1935. 1909 zum Professor, 1921 zum Honorarprofessor ernannt, galt er als „ein amüsanter Mensch von rührender Güte"[267], der „die Lehre vom Toten mit Leben erfüllen konnte."[268]

Ludwig Pick gab als Staatsangehörigkeit – wie in der Weimarer Republik üblich – preußisch an und erklärte sich der Religion mosaischen Glaubens zugehörig. Seit spätestens 1898 zählte er zu der Jüdischen Gemeinde Berlin, wohl eher als liberaler Jude, da er regelmäßig samstags, also auch am Sabbat, pathologische Demonstrationen durchführte.[269] Im August 1914 als Kriegsfreiwilliger und Stabsarzt reaktiviert, setzte man ihn als Pathologen ein, zunächst in Berlin, dann in Frankreich, wo man ihn zum Oberstabsarzt beförderte.[270]

Mit der allmählichen Verschlechterung der Kriegslage nahm der Antisemitismus in der Bevölkerung und in der Truppe zu. Man suchte nach Sündenböcken, gab den Juden die Schuld an allen möglichen Unbilden des Krieges und behauptete, sie würden sich vor dem Fronteinsatz drücken. Daraufhin ordnete der preußische Kriegsminister 1916 eine „Judenzählung" an. Für die deutschen Juden, aber auch die SPD und die Fortschrittliche Volkspartei, bedeutete das einen Bruch des „Burgfriedens". Was mag der preußische Oberstabsarzt Pick empfunden haben, als er die „Judenzählung" im November 1916 über sich ergehen lassen mußte? Zwei Jahre später nahm er an den Rückzugskämpfen entlang der Aisne teil. Als Kriegsauszeichnungen erhielt er die Rote-Kreuz-Medaille III. Klasse, das Eiserne Kreuz beider Klassen sowie den türkischen Eisernen Halbmond. Aus seinen Kriegserfahrungen als Sanitätsoffizier entstanden zwischen 1915 und 1935 etwa zwanzig Veröffentlichungen zur Pathologie von Seuchen und verschiedenen Verletzungen.[271]

Pick trat 1919 der neu gegründeten liberalen Deutschen Demokratischen Partei (DDP) bei[272], die sich zur parlamentarischen Demokratie der Weimarer Republik sowie zum Völkerbund bekannte und eine Änderung des Versailler Vertrages anstrebte. Als die DDP 1929 nach dauernder Regierungsteilnahme und dem Tod wichtiger Führungspersonen[273] zerfiel, trat er wieder aus. Offenbar vermochte er die Zugeständnisse der Partei an Nationalismus und Militarismus, die mit einer zunehmenden Duldung des Antisemitismus einhergingen, nicht weiter zu teilen. 1930 bereits zu einem Referat nach Budapest eingeladen, hielt er 1932 drei ehrenvolle Lesungen in den USA: die Harvey Lecture in New York und zwei Dunham Lectures in Havard.[274] Hitlers Machtantritt am 30. Januar 1933 veränderte das Leben der Juden. Aber Ludwig Pick betrachtete sich damals „nicht als einen Juden in Deutschland sondern als einen assimilierten, akkulturierten Deutschen jüdischen Glaubens" und ahnte wie viele andere nicht, was auf ihn zukam.[275] So emigrierte er nicht in die USA, obwohl die Universität Chicago ihm 1933 eine Professur anbot. Auch den Ruf an die Staatliche Medizinschule in Shanghai lehnte er ab, weil, wie er schrieb, „ich mich auch in diesen schweren Zeiten meinem deutschen Vaterland nach wie vor verbunden fühle." Ihm war unvorstellbar, in ein Konzentrationslager verschleppt zu werden.[276] Er hörte auch nicht auf die Warnungen seines jüngeren Bruders Leo, den die Nationalsozialisten 1938 in der Reichspogromnacht nach Buchenwald deportierten, von wo ihn seine Tochter Anni Jacobsohn für 30 000 RM freikaufen konnte. Leo emigrierte in die USA.[277]

Im Jahr 1933 erfolgte Picks rechtmäßige Pensionierung mit Ablauf des 65. Lebensjahres; die Lehrbefugnis an der Universität Berlin gab er unter dem Druck der Verhältnisse von sich aus auf.[278] Die deutschen medizinischen Fachgesellschaften, denen er seit Jahren angehörte, distanzierten sich mehr oder weniger unkollegial von ihren jüdischen Mitgliedern.[279] Franz Büchner (1895-1991), Picks Nachfolger am Pathologischen Institut des Städtischen Horst-Wessel-Krankenhauses am Friedrichshain[280], wie es inzwischen hieß, hingegen besaß die menschliche Größe, Pick weiterhin in seinem Institut wissenschaftlich arbeiten zu lassen.[281] Büchner, seit 1936 Ordinarius für Pathologie in Freiburg, trat 1941 in seinem Eröffnungsvortrag zur NS-Veranstaltung „Gesundes Volk" mutig gegen die Euthanasie auf.[282] Pick arbeitete von 1934 bis weit in den Zweiten Weltkrieg hinein für ein zentrales Untersuchungsinstitut der Berliner Krankenkassen. Offenbar deckte ihn dabei in erstaunlicher Weise der Leiter des Instituts, der Pathologe Dr. Wilhelm Schröer (*1899), obwohl er bereits 1931 der NSDAP beigetreten war und später SS-Sturmbannführer (entsprechend dem Rang eines Majors) wurde. Nach 1945 bezeichnete er Pick als seinen Lehrer. Um 1938 übernahm Pick unentgeltlich die Prosektur am Jüdischen Krankenhaus in Berlin.[283]

Pick, der sich als Junggeselle von Frauen in seiner Arbeit abgelenkt sah, bezeichnete „die Liebe als eine akute Psychose mit stets guter Prognose". Ernsthaft aber fügte er hinzu, daß es unfair von ihm gewesen wäre zu heiraten, weil er täglich von früh bis spät im Labor tätig war. Er machte kaum Urlaub, fuhr nur gelegentlich zum Angeln. In seinen Mußestunden erfreute er sich an seiner Sammlung von Graphik der friederizianischen Zeit und spielte Cello. Erst nach seiner Pensionierung entstand ein eheähnliches Verhältnis mit der nicht-jüdischen Oberschwester Anna Clara König (1891-1967), die er über die Hausmusik kennenlernte.[284]

Bis 1935 wohnte Pick in der Landauschen Privat-Frauenklinik. Dann kaufte er sich in Berlin-Zehlendorf das Grundstück Kunzendorfstraße 20 und ließ sich darauf ein Haus bauen[285], das er geschmackvoll einrichtete. Die erhaltenen Fotografien[286] zeigen an allen Wänden dicht nebeneinander Grafiken aus seiner Sammlung, einen Grafikständer, einen Stutzflügel sowie auf allen Böden Orientteppiche.[287] Hier lebte Ludwig Pick mit seiner Verlobten Anna König, die aber ihre Wohnung in der Nähe behielt.[288] Die zur Einweihung des Hauses im August 1936 geplante Heirat verhinderte das Gesetz zum „Schutze des deutschen Blutes und der deutschen Ehre" von 1935, das Eheschließungen zwischen „Ariern" und Juden als „Rassenschande" verbot. Das zweite der auf dem „Reichsparteitag der Freiheit" von 1935 vorbereiteten „Nürnberger Gesetze", das sogenannte „Reichsbürgergesetz", degradierte jüdische Deutsche im Gegensatz zu den „arischen" Reichsbürgern zu „Staatsbürgern" ohne politische Rechte.

Das Jahr 1938 brachte weitere amtliche Schikanen: Am 23. Mai wurde Ludwig Picks Grundstück mit einer Sicherungshypothek von 10 000 RM für die „Reichsfluchtsteuer" belastet, obgleich er keine Emigration beantragte. Ab August mußte er sich, weil er keinen jüdischen Vornamen hatte, Ludwig Israel Pick nennen. Im Juli gab es für ihn als Juden eine besondere Kennkarte, und im Oktober mußte er seinen Reisepaß abgeben. Ob er ihn sich nach Kennzeichnung mit einem „J" für Jude zurückgeben ließ? Nach der Reichspogromnacht forderten die Nazis eine „Sühneleistung" der Juden deutscher Staatsangehörigkeit von 1 Milliarde Reichsmark. Wir wissen nicht, wie Ludwig Pick das Jahr 1938 erlebte, nichts über seine Gedanken aus dieser Zeit, nur, daß er am 31. August seinen siebzigsten Geburtstag feierte. In einem Brief vom April 1939 heißt es: „Sorge machen wir uns um unseren guten Pick, der eine schwere Depression durchgemacht hat und noch immer nicht so weit ist, seine Klause zu verlassen. Es ist ja eigentlich kein Wunder, ihm mußte sein Kartenhaus, das er sich aufgebaut hatte, einmal einstürzen. Er spielte immer Vogelstraußpolitik." Dieser Quelle nach versuchte Pick, 1939 doch noch auszuwandern, aber ohne Erfolg.[289]

Trotz des allgemeinen Wohnungsmangels im Kriege konnte er sein schönes Haus bis 1940 allein bewohnen – Anna König lebte ja offiziell nicht bei ihm. Was sich von 1940 bis zum März 1943 ereignete, war für die Zeit höchst ungewöhnlich und entzieht sich sicherer Deutung. Zunächst zog das Ehepaar Wagener mit zwei Kindern als Untermieter ins Picksche Haus. Egon Wagener (*1912) war SS-Untersturmführer (entsprechend dem Rang eines Leutnants) und hauptamtlicher Sachbearbeiter im persön-

lichen Stab des Reichsführers SS Heinrich Himmler (1900-
1945). Wie mag sich in dem nicht abgeteilten Einfamilien-
haus das Zusammenleben Picks mit der „arischen" Familie des SS-Führers abgespielt haben? Es ist unwahrscheinlich, daß die Wageners das damals als „Rassenschande"
verbotene Verhältnis zwischen Pick und Anna König nicht
bemerkten. Während dieser Zeit wurde Pick, der den Ju-
denstern tragen mußte, an Werktagen morgens in einer
schwarzen Limousine abgeholt und später zurückgebracht.
Fuhr er zur Arbeit, und wenn, zum von Schröer geleiteten
zentralen Untersuchungsinstitut der Berliner Krankenkassen oder zum Jüdischen Krankenhaus? Schröer sagte nach
dem Krieg aus, er habe Pick „nahezu täglich besucht".[290]
Dann, im März 1942 – Deportation und Ausrottung der
Juden waren bereits im Gange – kaufte der SS-Führer Wagener das Picksche Anwesen nebst Einrichtung, angeblich
mit dem Versprechen, „dafür zu sorgen, daß [Pick] nicht
aus Berlin abtransportiert werde." Es entsteht der Eindruck, daß Pick „Schutzjude"[291] des SS-Sturmbannführers
Schröer und vielleicht auch des SS-Untersturmführers Wagener war.

Mitte März 1943 wurde Pick zusammen mit Anna König, die bei ihm war, von der Gestapo verhaftet. Anna kam
nach drei Wochen wieder frei, Pick wurde Mitte Juni nach
Theresienstadt verschleppt. Aus welchem Grunde man ihn
doch noch deportierte, bleibt unklar, denn im am 16. Juni
1943 offiziell als „judenrein" erklärten Berlin überlebten
4 200 sogenannte „privilegierte Juden" bis zur Kapitulation am 8. Mai 1945.[292]

In Theresienstadt kam Ludwig Pick in ein Krankenhaus,
wo er am 3. Februar 1944 im Alter von 75 Jahren an einer
Lungenentzündung verstarb. Über das schreckliche letzte Lebensjahr Ludwig Picks gibt es wenig sichere Unterlagen.[293] Anna König, nach dem Krieg vom Gericht als
Picks Erbin eingesetzt, erhielt 1955 das Haus zugespro-

chen und wurde rückwirkend als Ehefrau Ludwig Picks anerkannt.[294] Sie starb 1967.[295]

Gertrud Kolmar, Dichterin

Gertrud Kolmar[296] (1894-1943), eine der bedeutendsten deutschsprachigen Lyrikerinnen und Schriftstellerinnen[297] ihrer Zeit, erblickte am 10. Dezember 1894 als Getrud Käthe Chodziesner in Berlin das Licht der Welt. Mit ihrer ersten Veröffentlichung im Jahr 1917, dem Band „Gedichte"[298], legte sie sich das Pseudonym Gertrud Kolmar zu, weil ihre Vorfahren aus Kolmar in Posen (heute Chodzież, Polen) stammten, das bis 1878 Chodziesen hieß.[299] Ihr Vater Ludwig Chodziesner (1861-1943) war der älteste Sohn des Kurzwarenhändlers Julius Chodziesner (ca. 1845 bis ca. 1910) und seiner Frau Johanna, geborene Aschheim (ca. 1830-1920). Bald nach seiner Geburt in Obersitzko, Posen (heute Obrzycko, Polen) zog die Familie in das etwa 60 km nordwestlich gelegene Woldenberg, Kreis Friedeberg in der Neumark (heute Dobiegniew, Polen) mit etwa 4 000 Einwohnern, davon mehr als einhundert, teils wohlhabenden Juden. Der hübsche Ort lag an einem der vielen Seen inmitten großer Wälder. Die Eltern, „wahre und sehr fromme Juden", lebten von ihrem Kurzwarenladen in bescheidenen Verhältnissen. Dennoch wurden von ihren fünf Kindern, einer Tochter und vier Söhnen, drei Juristen – die einzigen Akademiker, die damals aus der kleinen Judengemeinde hervorgingen.[300] Gertrud Kolmar schilderte ihre Großmutter und den Kurzwarenladen in der Erzählung „Susanna".[301]

Ludwig Chodziesner wurde ein erfolgreicher Rechtsanwalt. Mit vierzehn Jahren kam er 1876 auf das könig-

lich-katholische Gymnasium in Wongrowitz, Regierungs-
bezirk Bromberg in Posen (heute Wagrowiec, Polen), wo
er bei einer Tante wohnte. Seit der Gymnasialzeit identifizierte er sich mit den Idealen der humanistischen deutschen Bildung und entfernte sich zwangsläufig von jüdischen Traditionen. Seine frommen Eltern akzeptierten das,
weil der Aufstieg ihrer Kinder damals Assimilation und
Akkulturation erforderte.[302] In Posen erlebte Chodziesner
die Unterdrückung der polnischen Mehrheit[303] durch „Kul-
turkampf" und „Germanisierung"[304] unter Reichskanzler
Otto von Bismarck (1815-1898) und nahm eine liberale
und sozialkritische Haltung ein.[305] Dennoch begeisterten
ihn als Berliner Student „die Kämpfe großer Redner" im
preußischen Landtag sowie im Reichstag, besonders wenn
Bismarck sprach.[306] Nach erfolgreichem Abschluß seiner
entbehrungsreichen Studien- und Referendarzeit war er
seit 1891 Sozius des bekannten Berliner Justizrates Dr. Max
Wronker. Auch Chodziesner als ein der Monarchie treu
ergebener Strafverteidiger wurde später zum preußischen
Justizrat ernannt. Sogar in seinem Äußeren glich er Kaiser
Wilhelm II., besonders wenn er ausritt.[307] Als Patriot re-
präsentierte er „voll und ganz die Schicht des liberalen,
klassisch gebildeten preußisch-jüdischen Bürgertums".[308]

Im März 1894 heiratete Ludwig die elf Jahre jüngere
Elise Schoenflies aus der bereits erwähnten traditionsrei-
chen, großbürgerlichen Familie in der Neumark. Sie fühlte sich eng mit ihrem Vater Georg Schoenflies verbunden.
Sein Tod am 13. November 1894 erschütterte sie so sehr,
daß ihr erstes Kind Gertrud, wie man erzählte, am 10. Dezember 1894 als Frühgeburt zur Welt kam. Die Chodziesners hatten drei weitere Kinder, Margot (1897-1942),
Georg (1900-1981) und Hilde (1905-1972). Über ihre
Mutter waren sie verwandt mit dem Philosophen Walter
Benjamin, seinem Bruder, dem Arzt Georg Benjamin, sowie den drei Caro-Schwestern.

Getrud Kolmar wuchs in einer großen Villa[309] im sogenannten Bäumeviertel des vornehmen Berliner Westend
auf. Sie besuchte private Mädchenschulen und von 1911
bis 1912 eine haus- und landwirtschaftliche Frauenschule
bei Leipzig. Sie war sprachbegabt. Noch vor 1914 lernte
sie Russisch im Austausch für das Fach Deutsch, 1916
schloß sie ein einjähriges Seminar für Sprachlehrerinnen
mit je einem Diplom für Englisch und Französisch ab.[310]

Bei Beginn des Ersten Weltkrieges im August 1914 war
ihr Vater mit 53 Jahren zu alt, der vierzehnjährige Bruder
Georg zu jung für den Militärdienst. Wie die einzelnen
Mitglieder der Familie Chodziesner den Kriegsausbruch
empfanden, wissen wir nicht, wahrscheinlich fühlten sie
ähnlich patriotisch wie die meisten deutschen Bürgerli-
chen. Gertrud hatte eine Liebesbeziehung zu einem Offizier. Überliefert sind nur des Geliebten Initialen K. J.[311]
und, daß Gertrud schwanger wurde. Eine Heirat kam offenbar nicht in Frage, vielleicht, weil der Geliebte im Krieg
gefallen war[312] oder weil ein preußischer Offizier durch die
Ehe mit einer Jüdin seine militärische Laufbahn gefährdete. Ebensowenig aber konnte die Tochter eines preußischen
Justizrates ihr uneheliches Kind zur Welt bringen und selber aufziehen, ohne die hohe gesellschaftliche Stellung der
Familie und damit deren wirtschaftliche Lage zu gefähr-
den.[313] In dieser schwierigen Situation entschieden sich
Gertrud Kolmar und ihre Eltern für den Schwangerschafts-
abbruch. Welche Situation im Hause des Justizrates Chodziesner: Für die geliebte Tochter die Abtreibung des ge-
wünschten Kindes mit großer, offenbar erfolgreicher Heim-
lichkeit zu organisieren. Damals galt die Abtreibung der
„Leibesfrucht", wie es im Juristendeutsch hieß, falls nicht
zur Rettung der Mutter notwendig, als ein Tötungsverbre-
chen, das die Schwangere mit bis zu fünf Jahren Zuchthaus, bei mildernden Umständen mit nicht weniger als
sechs Monaten Gefängnis bedrohte. Auch Anstiftung und

Beihilfe zur Tat waren strafbar.[314] Nach der Abtreibung wollte Gertrud Kolmar sich um das Jahresende 1916 das Leben nehmen. Ihre Mutter fuhr danach mit ihr zur Erholung in den Taunus. Ihr Vater ließ ihre Gedichte durch einen befreundeten Verleger[315] zu Weihnachten 1917 herausgeben.[316] Sie aber trauerte ihr Leben lang um ihr ungeborenes Kind und fühlte sich schuldig. 1937 schrieb sie das Gedicht „Fruchtlos", in dem es u.a. heißt:[317]

Ich sehe. Ich fühle:
Durch die verschlossene Türe tritt lautlos
Ein Kind.
Das einzige, das mir zubestimmt und das ich nicht
  geboren.
Nicht geboren um meiner Sünde willen; Gott ist gerecht.
Und ich schweige und murre nicht, ich trage und berge
Das Haupt, und so darf ich es suchen
Manchen Abend.

Im November 1917 absolvierte Gertrud das Examen für Militärdolmetscher; als Postprüferin kontrollierte und las sie die ein- und ausgehende Post im Kriegsgefangenenlager Döberitz (heute: Dallgow-Döberitz),[318] bis der Krieg im November 1918 endete. Der Zusammenbruch der Monarchie traf den patriotischen Justizrat Chodziesner schwer, besonders, daß der Kaiser geflüchtet und alles im Stich gelassen hatte.[319] Die Wirtschaftslage nach dem Krieg, vor allem die verlorenen Kriegsanleihen zwangen ihn, die Villa im Westend zu verkaufen. Anfang 1921 zog die Familie in ein komfortables Appartment am Kurfürstendamm 43[320], wo alle den Garten vermißten. Aber schon Mitte Juli 1923 wohnten die Chodziesners wieder in einem eigenen Haus mit Garten, diesmal in der Villenkolonie Finkenkrug[321] nahe der gleichnamigen Bahnstation. Gertrud Kolmar fühlte sich in dem Haus mit ihrem Zimmer im ersten Stock, dem Garten mit den Rosenbeeten des Vaters und in der schönen Umgebung heimisch.

Nach dem Kriege arbeitete sie als Erzieherin längere Zeit mit zwei taubstummen Kindern und als Sprachlehrerin in verschiedenen Privathäusern, zuletzt in Hamburg. Während der lebhaften 1920er Jahre in Berlin ging sie gerne ins Theater oder besuchte Tanzvorführungen. Die berühmten Künstlerlokale hingegen zogen sie nicht an, auch nicht, als sie am Kurfürstendamm wohnte. Sie pflegte keine Kontakte zu anderen Künstlern, außer zu ihrem Vetter Walter Benjamin, zu ihm vielleicht aber auch nur wegen ihrer Verwandschaft.[322] Mit Walter Benjamin sprach sie über Literatur und zeigte ihm ihre Gedichte, für deren Veröffentlichung sich Benjamin seit 1927 erfolgreich einsetzte. Später korrespondierten beide miteinander.[323]

Mit 32 Jahren gab Gertrud ihren Beruf als Erzieherin auf und besuchte 1927 einen Ferienkurs für ausländische Studenten an der Universität Dijon, den sie mit dem besten Diplom des Jahrganges abschloß.[324] Aber ihr Wunsch, als Dolmetscherin zu arbeiten, erfüllte sich nicht; ihre Mutter erkrankte. Sie ging nach Finkenkrug zurück, um die Mutter zu pflegen. Mit der Heimkehr begann nach langer unfruchtbarer Zeitspanne für Gertrud Kolmar eine neue schöpferische Phase.[325] Nach dem Tod der Mutter im Jahre 1930 führte sie dem 69jährigen Vater den Haushalt und war seine einzige Bürokraft.[326]

Bei der Reichstagswahl vom 14. September 1930 gaben 18,3 % der Wähler ihre Stimme der NSDAP und machten sie mit 107 Abgeordneten (vorher: 12) unerwartet zur zweitstärksten Partei nach der SPD. Auch im ländlichen Finkenkrug bemerkten die Chodziesner-Kinder zunehmend Antisemitismus, aber ihr Vater lachte, wenn er die Leute auf die Juden schimpfen hörte.[327] Vielleicht spürte Gertrud Kolmar bereits, was sich in Deutschland anbahnte, als sie zwischen August 1930 und Februar 1931 als längere Erzählung[328] „ Die jüdische Mutter"[329] schrieb. „Eine Frau geht da umher, der die Feindseligkeit gegen die Juden in die Haut schneidet," kommentierte siebzig Jahre später die Schriftstellerin Esther Dischereit (*1952) im Nachwort.[330]

Trotz der politischen Verhältnisse nach Hitlers Machtübernahme wollten oder konnten viele deutsche Juden, besonders die älteren, vielfach patriotisch gesinnten, nicht an die Möglichkeit eines Pogroms in Deutschland glauben. Im Frühjahr 1933 wurde der Mann der jüngsten Chodziesnertochter Hilde, der „arische" Buchhändler Peter Wenzel (1906-1961), wegen seiner jüdischen Frau entlassen, und immer noch meinte Justizrat Ludwig Chodziesner, es würde sicherlich nicht so heiß gegessen wie gekocht, und im Geschäftsleben bliebe alles unverändert.[331] Sein ältester Neffe hingegen, der Philosoph Walter Benjamin, empfand die Luft kaum zu atmen und verließ Deutschland noch vor Erlaß der berüchtigten Gesetze. Den jüngeren Bruder Georg, kommunistischer Fürsorgearzt, nahmen die Nazis am 12. April 1933 in „Schutzhaft".

Gertrud Kolmar verfaßte angesichts des zunehmenden Terrors im „Dritten Reich" im Spätsommer und Herbst 1933 den Zyklus „Das Wort der Stummen"[332] aus 22 Gedichten. In einem setzte sie sich selbst in Bezug zu dem sie umgebenden Judenhaß:

Die Kröte[333]
[...]
Ich bin die Kröte.
Und ich liebe die Gestirne der Nacht.
[...]
Ich bin die Kröte.
Und ich liebe das Gewisper der Nacht.
[...]
Ich atme, schwimme

In einer tiefen, beruhigten Pracht,
Demütige Stimme
Unter dem Vogelgefieder der Nacht.
Komm denn und töte!
Mag ich nur ekles Geziefer dir sein:
Ich bin die Kröte
Und trage den Edelstein.

Ihr Gedicht „Anno Domini 1933"[334] vom erschlagenen Ostjuden endet mit den Versen:

Ein Galgenkreuz, ein Dornenkranz
Im fernen Staub des Morgenlands.

Ein Stiefeltritt, ein Knüppelstreich
Im dritten, christlich-deutschen Reich.

In zwei Gedichten[335] identifizierte Gertrud Kolmar sich mit den Opfern der ersten nationalsozialistischen Gewaltwelle:[336]

Die Gefangenen 1933

Der Herbst geht über die Felder gemähter Saaten,
[...]
Und Bettler läuten kurz und bitten mit heiseren Worten;
[...]
Im Abendhimmel flattert Geschwirr von Propellern [...]
Sie achten es nicht. Sind Namen in Büchern der Schreiber.
Sind Tiere mit Füßen und Händen zusammengepfercht
   in Kellern.
Die Gummiknüppel, die Faust und ihre zuckenden Leiber –
[...]
Sie irren im Lager umher mit kranken, entsetzten Blicken
[...]
Immerhin füttert man sie, dumpfe, lästige Fresser.
[...]

Manchmal brüllen sie nachts und scheuen und werden erschossen.

[...]

Gellt der Wächter, springt Schaudern in ihre Mienen,
Wieder stürzt ihr Gesicht über düstere Kellertreppen. –
Keinem ist aber noch der bärtige Häftling erschienen,
Der sich geduldig und still, niemals redend mit ihnen,
Täglich müht, ein hölzernes Kreuz auf die Richtstatt
   zu schleppen.

Und im Gedicht „Wir Juden"[337] ruft Gertrud Kolmar: „Ich liebe dich, ich liebe dich, mein Volk" und „Gerechtigkeit! Gerechtigkeit! Gerechtigkeit!"

In den Jahren 1933 bis 1938 kümmerte sie sich, unterstützt von einer Köchin, in Finkenkrug um Haus, Garten und Kleintierzucht.[338] Der Verleger Victor Otto Stomps, der wie kein anderer zwischen 1932 und 1937 die Jugend und ihre Mentoren um sich sammelte,[339] publizierte mehrere Gedichte Gertruds in seiner Zeitschrift „Der Weiße Rabe" sowie 1934 ihren zweiten Gedichtband „Preußische Wappen"[340] in seinem Verlag „Die Rabenpresse". In den 1930er Jahren erlebte Gertrud Kolmar eine innige, aber entsagungsvolle Liebe zum Dichter Karl Joseph Keller (1902-1989), dem sie zahlreiche Gedichte widmete,[341] und aus der ihre beiden größeren Dichtungen dieser Zeit entstanden.[342] In Finkenkrug traf sich auch nach dem Tod der Mutter die Familie: der Bruder Georg mit Frau und Sohn Wolfgang (*1934), die jüngste Schwester Hilde Wenzel, deren Mann Peter inzwischen eine eigene Buchhandlung[343] betrieb, mit Tochter Sabine (*1933) sowie die Schwester Margot, eine promovierte Zoologin. Ab 1938 strichen die Nazis aus den Reisepässen jüdischer Bürger die Berechtigung, ins Ausland zu reisen. Als Hilde Wenzel im März 1938 die Aufforderung erhielt, sich „zwecks Paßnachschau" bei der Polizei zu melden, flog sie umgehend nach

Zürich. Wenig später brachten Bekannte ihre Tochter Sabine in die Schweiz. Peter Wenzel besuchte Frau und Tochter zweimal und bemühte sich vergeblich um ein Visum für Südamerika. So blieb die Familie getrennt; 1942 wurde die Ehe geschieden.

Mitte 1938 schickte Gertrud Kolmar der Schwester in Zürich Unterlagen für die Auswanderung nach England. In Berlin gewann sie Freunde unter den in der Stadt gebliebenen Literaten und schuf sich einen Kreis von Bekannten. Nach Rezitationen ihrer Gedichte im „Jüdischen Kulturbund"[344] empfing sie Anerkennung und wohlwollende Besprechungen. Im August 1938 erschien ihr dritter Gedichtband „Die Frau und die Tiere" im Jüdischen Buchverlag Erwin Löwe, allerdings, da sie als Jüdin kein Pseudonym mehr tragen durfte, unter dem Namen Gertrud Chodziesner – später mußte sie sich gar Gertrud Käthe Sara Chodziesner nennen. Vorerst aber hatte sie eine gute Schaffenszeit und fürchtete nicht um ihr Leben. Im Oktober 1938 berichtete sie ihrer Schwester Hilde Wenzel von ihren Erfolgen und war dank ihrer Sprachkenntnisse zuversichtlich, im Ausland überall zurechtzukommen.[345]

Die Reichspogromnacht 1938 veränderte alles: SA-Männer drangen in das Haus in Finkenkrug. Sie zerstörten zwar wenig, aber sie führten den 77jährigen Justizrat Ludwig Chodziesner ab und behielten ihn vier Tage im Gefängnis. Sein Sohn Georg entging der Verhaftung, weil er sofort zu Verwandten flüchtete. Bereits zwei Wochen später mußte Ludwig Chodziesner sein Haus mit Garten zwangsverkaufen – es blieben nur zwei Monate Zeit zu räumen.[346] Gertrud Kolmars gerade erschienener Gedichtband „Die Frau und die Tiere" wurde eingestampft.

Im Januar 1939 bezogen Ludwig Chodziesner und seine Tochter eine herrschaftliche Wohnung im zweiten Stock des Miethauses Berlin-Schöneberg, Speyerer Straße 10[347], einem der Judenhäuser im Bayerischen Viertel. Sie richte-

ten ihre fünfeinhalb Zimmer ein, eines bekam eine Untermieterin gegen etwas Hilfe im Haushalt. Vater und Tochter fühlten sich ohne Garten in der Stadt nicht wohl. Als
1939 erst ihr Bruder Georg mit seiner Familie und dann
die Schwester Margot nach Australien emigrierten, wollte
sie ihren alten Vater nicht allein lassen und gab ihre Aus-
wanderungspläne auf, auch wenn sie bis zum Emigrations-
verbot für Juden im Oktober 1941 vielleicht noch Deutschland hätte verlassen können.[348]

Immer mehr Menschen mußten sich in den Judenhäusern den Platz teilen. 1940 bewohnte Gertrud noch ein
eigenes Zimmer, in dem sie wegen der Unruhe im Haus
während der Nachtstunden schrieb.[349] Im April nahm sie
ihre Hebräisch-Studien wieder auf. Im Mai besuchte sie
die letzte Veranstaltung des Kulturbundes. In der Reihe
„Jüdisches Wort und Jüdischer Ton" wurden neben Lie-
dern und Gedichten von Nelly Sachs[350] (1891-1970) und
anderen fünf ihrer Gedichte vorgetragen und später lobend
besprochen.[351] Sie verkehrte in einem kleinen Kreis von
Freunden, zu denen Dr. Hugo Horwitz und dessen Frau
Dora, geborene Jablonski[352] (1893-ca.1942), im nahege-
legenen Judenhaus Badensche Straße 39[353] gehörten. Ob
Gertrud Kolmar oder ihr Vater auch Kontakte zu Lotte
Caro, der mit ihnen verwandten Lehrerin im nahen Judenhaus Landshuter Straße 35 pflegten, ist nicht überliefert.

Seit Mitte Juli 1941 als Zwangsarbeiterin bei der Kar-
tonagefabrik Epeco[354], die Verpackungen für Granaten
herstellte, schuftete sie täglich zehn Stunden an der Ma-
schine, bei großer Hitze, ätzendem Geruch und Staub; hinzu kamen die weiten Arbeitswege.[355] Obgleich ihre Tätigkeit der deutschen Rüstung diente, wollte Gertrud möglichst viel lernen und wurde bald zu harter Männerarbeit
eingeteilt. In der Fabrik fühlte sie sich nach eigenen Worten wohler als zu Hause, denn die Verhältnisse im Judenhaus hatten sich erheblich verschlechtert. Bereits im Mai

1941 waren drei weitere Untermieter aufzunehmen. Ein knappes Jahr später lebten in der Wohnung bereits acht Menschen, was erhebliche Spannungen mit sich brachte. Vater und Tochter schliefen nur durch einen Vorhang getrennt. Dennoch schrieb Gertrud Kolmar, „jede Ungunst von Zeit und Raum besiegend", eine letzte, leider nicht erhaltene Erzählung.[356] Im Oktober 1941 begann die Deportation der Juden aus dem Altreich[357] nach Osten, gerüchteweise hörte man von Massenerschießungen und Massenvergasungen. Anfang 1942 entging Gertrud Kolmar der Deportation, weil ihr Fabrikchef sie als Arbeiterin reklamierte.[358]

Justizrat Chodziesner litt ebenfalls unter dem Verlust von Haus und Garten, aber er verstand sich mit den offenbar auch hilfsbereiten Untermietern besser. In der Stadt traf er sich mit alten und neuen Bekannten, seit 1939 besuchte er wieder eine Synagoge, und zwar die in der nahen Münchener Straße.[359] Wichtige Bezugspersonen für Ludwig Chodziesner waren zwei „arische", also nicht an Ausgehverbote und andere Einschränkungen für Juden gebundene Verwandte: der Schwiegersohn Peter Wenzel, 1942 von der in die Schweiz emigrierten Hilde geschieden, sowie die angeheiratete Nichte Hilde Benjamin, deren Mann Georg die Nazis 1942 im KZ Mauthausen ermordeten. Beide unterstützten den alten Herrn sowie seine von früh bis spät arbeitende Tochter, soweit sie das in der Kriegszeit konnten. Hilde kam regelmäßig mit ihrem Sohn Michael in die Speyerer Straße. Dann, am 9. September 1942, schnürten Gertrud Kolmar, Hilde Benjamin und Peter Wenzel dem 81jährigen Ludwig Chodziesner das schmale Bündel, das er nach Theresienstadt mitnahm.[360]

Gertrud Kolmars wichtigste Freundinnen waren nun Hilde Benjamin, die ihr handgeschriebenes Manuskript „Das Wort der Stummen"[361] aufbewahrte, und die entfernte Cousine Suse Jung, die sie besuchte, ihr schrieb und Manuskripte verbarg. Ein junger Zwangsarbeiter und ehemaliger Medizinstudent suchte eine Weile ihre Gesellschaft und verstand sich mit ihr gut. Nach der Deportation ihres Vaters und der im Haushalt helfenden Untermieterin fühlte Gertrud Kolmar sich immer einsamer.[362] Als man sie in eine andere Fabrik[363] versetzte und sie dort nach ihren Worten eine Arbeit leistete, die „gut ersetzt werden könne",[364] wuchs die Gefahr ihrer Deportation. Am 27. Februar 1943 verhaftete man sie und alle anderen jüdischen Zwangsarbeiter im Rahmen der sogenannten „Fabrikaktion" und brachte sie in ein Sammellager. Am 2. März in das Konzentrationslager Auschwitz verschleppt, ist sie wenig später ermordet worden. Sie hatte nicht mehr erfahren, daß ihr Vater bereits am 13. Februar 1943 in Theresienstadt umgekommen war. Nach dem Krieg bemühten sich Peter und Hilde Wenzel, Schwager und Schwester von Gertrud Kolmar, unterstützt vom Verleger Peter Suhrkamp und dessen Lektor Hermann Kasack erfolgreich um die Veröffentlichung des Werks von Gertrud Kolmar, das inzwischen vorliegt[365] und vielfache Würdigungen erfahren hat.[366]

Walter Benjamin, Philosoph

Walter Benjamin[367], Essayist, Literaturkritiker, Übersetzer und Philosoph, wurde am 15. Juli 1892 als ältester Sohn des jüdischen Kunst- und Antiquitätenhändlers Emil Benjamin (1856-1926) und dessen Ehefrau Pauline (genannt Paula) Schoenflies (1869 oder 1870-1930) in Berlin geboren. Beide waren assimilierte Juden. Er hatte einen Bruder namens Georg, der den Beruf des Arztes ergriff, sowie die Schwester Dora. Die Geschwister waren väterlicherseits mit Heinrich Heine (1797-1856) verwandt, mütterlicherseits, wie erwähnt, mit Gertrud Kolmar sowie den drei Caro-Schwestern.

Walter Benjamin wuchs in einem großbürgerlichen Milieu auf und wurde von Privatlehrern, später im Gymnasium und von 1905 bis 1907 im Landschulheim Haubinda[368] unterrichtet. Nach dem Abitur studierte er in Freiburg, Berlin und München Philosophie, Germanistik und Kunstgeschichte. Seit Beginn des Ersten Weltkrieges waren er und sein Freund Gershom Scholem, wie bereits geschildert, Kriegsgegner. Es gelang Benjamin nur mit Mühe, sich dem durch den Gestellungsbefehl zum 8. Januar 1917 drohenden Kriegsdienst sowie der Wehrüberwachung zu entziehen, vermutlich mit einer „(autosuggestiven?) Ischiaserkrankung".[369] So konnte er in der Schweiz weiter studieren, wo er und Gershom Scholem in enger Nachbarschaft wohnten. In Bern promovierte Benjamin 1919 mit „summa cum laude".[370] Vorübergehend überwarf er sich mit seinen Eltern, weil der Vater von ihm verlangte, einen Brotberuf zu ergreifen. 1920 kehrte er nach Hause[371] zurück.

Walter Benjamin erscheint als ein rastloser, viel reisender Mensch. Kurz nach Auflösung seiner Verlobung mit einer Jugendfreundin[372] heiratete er 1917 in Berlin die vermögende Dora Sophie Pollak, geborene Kellner.[373] Die Ehe, der ein Sohn[374] entstammte, war bald zerrüttet, denn Benjamin unterhielt eine Liebesbeziehung zur Bildhauerin Jula Cohn[375] (1894-1981). Auf einer mehrmonatigen Reise nach Capri traf er 1924 die lettische, kommunistische Regisseurin, Schauspielerin und Theaterpädagogin Asja Lacis[376] (1891-1979), die er sehr liebte. Im nächsten Jahr besuchte er sie in Riga, während seines dreimonatigen Moskauaufenthaltes im Winter 1926/27 begegneten sie sich wieder, und eine Weile wohnte sie in Benjamins Berliner Wohnung.[377] Asja Lacis veranlaßte Benjamins Beschäftigung mit dem Marxismus und machte ihn mit Bertolt Brecht (1898-1956) bekannt. Benjamins Ehe mit Dora Pollak wurde nach langer Trennung erst 1930 geschieden. Die Rückzahlung der Mitgift machte Benjamin mittellos. Dennoch behielt er Kontakt zu Dora Pollak und wohnte mehrfach für längere Zeit bei ihr in San Remo.

1924 weilte Benjamin in Capri, 1926 bis 1927, wie erwähnt, in Moskau, Anfang 1930 in Paris. Im März 1930 kehrte er nach Berlin zurück, wegen seiner Reisen mit wechselnden Anschriften. Zu der Zeit empfing er vom Rektor der Universität Jerusalem 3600 RM zur Förderung seines Hebräischstudiums, das er nie abschloß. Auch aus der seinem Freund Gerschom Scholem gemachten Zusage, nach Palästina auszuwandern, wurde nichts, weil er die geplante Abreise immer wieder verschob.[378]

Nachdem 1925 sein Versuch, an der Frankfurter Universität zu habilitieren, scheiterte,[379] arbeitete Benjamin als freier Schriftsteller für Zeitschriften und Zeitungen, besonders für die „Frankfurter Zeitung" und „Die literarische Welt". Er verfaßte gesellschaftskritische, philosophisch ausgerichtete Literaturkritiken sowie Essays zu unterschiedlichen Themen: Er beschäftigte sich mit dem allemanischen Mundartdichter und Schulmann Johann Peter Hebel (1760-1826)[380] sowie mit dem österreichisch-jüdischen Publizisten und Schriftsteller Karl Kraus (1874-1936), Herausgeber der kultur- und gesellschaftskritischen, im Ersten Weltkrieg auch pazifistischen Zeitschrift „Die Fackel" sowie Autor des Antikriegsdramas „Die letzten Tage der Menschheit".[381] Benjamin befaßte sich mit dem Surrealismus in Literatur und bildender Kunst, mit französischer Literatur (Marcel Proust und Charles Baudelaire, die er übersetzte) sowie der deutschsprachigen Avantgarde wie Bertolt Brecht und Franz Kafka (1883-1924). 1927 machte er erste Rauscherfahrungen mit Drogen und führte darüber Protokoll.[382]

Benjamin interessierte sich bereits 1925 für das neue Medium Rundfunk.[383] Im Juli 1929 wurde sein enger Freund Ernst Schoen[384] (1894-1960) Nachfolger des ersten Programmleiters des Senders Frankfurt[385] Dr. med. Hans Flesch[386] (1896-ca. 1945). Dieser übernahm die Leitung der „Funk-Stunde" des Senders Berlin. Damit begann Benjamins intensive Rundfunkarbeit, die es ihm erlaubte, sorgenfrei zu leben – jedoch nur für kurze Zeit: Die Reichsregierung verstaatlichte den Rundfunk und entzog dem Südwestdeutschen Rundfunk Ende September 1932 die Konzession.[387] Drei Monate vor Hitlers Machtübernahme hatte die Papen-Regierung den Rundfunk der Weimarer Republik gleichgeschaltet, für Goebbels blieben in diesem Medium lediglich einige personelle Korrekturen[388] wie die Verhaftung von Ernst Schoen, Hans Flesch war bereits 1932 entlassen worden.

In drei Jahren gestaltete Benjamin rund einhundert Sendungen, nutzte die technischen Möglichkeiten des Rundfunks für ausgefallene Experimente und erprobte unterschiedliche literarische Formen für das Radio. Er versuchte den schwierigen Austausch zwischen Programmgestalter und anonymer Hörerschaft,[389] hielt literarische Vorträge und sprach regelmäßig in den Jugendsendungen der Sender Berlin und Frankfurt. Zwischen 1931 und 1932 lieferte er einige Hörspiele[390] und Hörmodelle[391]. In einer Zeit radikaler sozialer Veränderungen gab das Hörmodell als „Folge von Mustern und Gegenmustern der Verhandlungstechnik" Anleitungen zum praktischen und angemessenen Verhalten in einer alltäglichen Konfliktsituation.[392]

1932 reiste Benjamin nach Ibiza und Italien, im Juli wollte er aus dem Leben scheiden, vielleicht wegen eines zurückgewiesenen Heiratsantrages. Seit 1933 unterzeichnete er angesichts der politischen Entwicklung seine Besprechungen in reichsdeutschen Zeitungen mit W.B., dem Pseudonym Detlef Holz oder dem Kürzel D.H.[393]

Im März 1933 entzog Benjamin sich der drohenden Verhaftung und emigrierte. Sein umfangreiches Archiv ließ er in seiner letzten Wohnung im Bayerischen Viertel[394] zurück. Nach einem Aufenthalt in Ibiza siedelte er im Herbst nach Paris über. Finanziell ging es ihm schlecht. Mehrmals weilte er bei Bertolt Brecht in dessen dänischem Exil Skovbrostrand bei Svendborg.[395] Brecht wiederum besuchte Benjamin in Paris. Der emigrierte Philosoph und Soziologe Max Horkheimer[396] (1895-1973), der Benjamin kannte und schätzte, verschaffte ihm eine Auftragsarbeit seines in New York neu aufgebauten Instituts für Sozialforschung. Benjamin verdiente damit seit November 1937 monatlich 80 US-$. Die Nazis beraubten ihn 1939 der deutschen Staatsbürgerschaft, die Franzosen internierten ihn kurz in einem Lager nahe Nevers.

Nach Beginn des Zweiten Weltkrieges bemühte Benjamin sich um ein Visum für die USA. Bis Mitte Juni 1940 weilte er mit seiner Schwester Dora (1901-1946) in Lourdes. Nach der deutschen Okkupation Frankreichs versuchte er, allein mit einer kleinen Gruppe über Spanien in die USA zu fliehen. Im spanischen Grenzort Port Bou wartete er vergeblich auf sein Visum. Da ihm als Staatenlosen eine Auslieferung an die Gestapo drohte, nahm er sich am 26. Juni 1940 im Hôtel de Francia das Leben.[397] – Bertolt Brecht schrieb drei Monate später in „Die Verlustliste"[398]:

So auch verließ mich der Widersprecher
Vieles Wissende, Neues Suchende
Walter Benjamin. An der unübertretbaren Grenze
Müde der Verfolgung, legte er sich nieder.
Nicht mehr aus dem Schlaf erwachte er.

Georg Benjamin, Arzt

Georg Benjamin[399] (1895-1942), Walter Benjamins jüngerer Bruder, studierte 1914 Mathematik, wurde aber bald darauf Soldat. Nach dem Krieg wandte er sich der Medizin zu. Der Titel seiner Doktorarbeit von 1923 „Über Ledigenheime" wies auf sein soziales Interesse. Nach der Assistentenzeit in einer Säuglingsfürsorgestelle arbeitete er als Schul- und Säuglingsfürsorgearzt in Berlins rotem Arbeiterviertel Wedding. 1920 trat er der USPD[400], einer Abspaltung der SPD, bei. Als die Partei sich 1922 wieder mit der SPD zusammenschloß, wurde Benjamin KPD-Mitglied. Er betätigte sich fortan in der Kommunalpolitik und gehörte zur Leitung des „Proletarischen Gesundheitsdienstes" verschiedener linksradikaler Gruppen.

1926 heiratete Georg die Juristin Hilde Lange, Referendarin in der Jugendgerichtshilfe Berlin und im Frauengefängnis. Sie war seit 1924 SPD-Mitglied, unter dem Einfluß ihres sieben Jahre älterer Mannes wechselte sie 1927 zur KPD.[401] Im April 1929 eröffnete sie eine Anwaltskanzlei in Berlin-Wedding. Seit 1930 arbeitete sie als Anwältin der „Roten Hilfe Deutschlands" (RHD) zur Unterstützung politischer Häftlinge, anerkennend nannte man sie die „Rote Hilde". 1932 brachte sie ihren Sohn Michael zur Welt.

Wegen angeblicher Beleidigung des Bürgermeisters 1931 verlor Georg Benjamin seine Stellung als Amtsarzt des Bezirks Wedding. Im April 1933 nahmen die Nationalsozialisten ihn für acht Monate in „Schutzhaft" und belegten ihn und seine Frau mit Berufsverbot. Georg betreute nun ein privates Kinderheim und betätigte sich in der illegalen Leitung der KPD. Nach der zweiten Verhaftung verurteilten die Nazis ihn 1936 zu 6 Jahren Zuchthaus. Hilde Benjamin verdiente von 1934 bis 1939 den

Lebensunterhalt für sich und den Sohn als juristische Beraterin der Sowjetischen Handelsvertretung in Berlin. Bei Kriegsbeginn dienstverpflichtete man sie als Angestellte in der Konfektionsindustrie. Ihr Mann wurde, nachdem er die Strafe im Zuchthaus Brandenburg abgesessen hatte, nicht entlassen, sondern in das KZ Mauthausen gebracht und dort am 26. August 1942 im Alter von 47 Jahren ermordet.

Hilde Benjamin, Juristin

Hilde Benjamin[402] (1902-1989), 1902 als Tochter des kaufmännischen Angestellten Walter Lange und seiner Frau Adele in Bernburg/Saale geboren, wuchs mit ihren beiden Geschwistern in einem wenig religiösen evangelischen, liberal-bürgerlichen und kulturoffenen Elternhaus auf. Die Familie zog 1904 nach Berlin-Steglitz. Hilde schloß sich der Wandervogelbewegung an. 1921 begann sie das Jurastudium, obgleich man Frauen erst 1922 zum 2. Staatsexamen, also zu juristischen Berufen zuließ. Während sie sich einen Teil ihres Studiums selbst verdiente, lernte sie die Arbeitswelt kennen und trat dem Sozialistischen Studentenbund, später der SPD, nach ihrer Heirat der KPD bei.

Während der Haft ihres Mannes, der ihr einfühlsam brieflich mit Ratschlägen half, kümmerte Hilde sich in feiner, sensibler Weise um ihren Sohn Michael. Nach der Ermordung ihres Mannes lebte sie zurückgezogen, vermutlich, um ihren Sohn zu schützen. Da dieser als „Halbjude" das Gymnasium nicht mehr besuchen durfte, unterrichtete sie ihn selber so erfolgreich, daß er 1948 mit sechzehn Jahren ein gutes Abitur ablegte.[403] Außerdem half sie jüdischen Mitmenschen und Frauen von Häftlingen, die keine

Unterstützung erhielten. Sie und ihr Sohn gingen regelmäßig zu Ludwig Chodziesner und Gertrud Kolmar in das Judenhaus in der Speyerer Straße. Mit Gertrud, deren Gedichtzyklus „Das Wort der Stummen"[404] sie verwahrte und der Nachwelt erhielt, verband sie ein enges persönliches Verhältnis.[405]

Hilde Benjamins beruflicher Aufstieg nach dem Krieg und ihr Verhalten, das so gar nicht dem bisher gewonnenen Bild einer sorgenden und hilfsbereiten Frau entsprach, sollen hier nur skizziert, aber nicht beurteilt werden. Als Leiterin der Kaderabteilung der deutschen Zentralverwaltung für Justiz ab 1946 gelang es ihr mit Rückendeckung der Sowjetischen Militäradministration in Deutschland[406], die alten Eliten der Justiz in der Sowjetischen Besatzungszone (SBZ) durch in Schnellkursen nach ihren eigenen Vorstellungen ausgebildete Arbeiter und Antifaschisten zu ersetzen. Als Vizepräsidentin des Obersten Gerichts der DDR seit 1949 verhängte sie 1952 erstmals ein Todesurteil beim Prozeß gegen die „Kampfgruppe gegen die Unmenschlichkeit" (KgU).[407] Nach dem aus einem Bauarbeiterstreik entstandenen Volksaufstand vom 17. Juni 1953 stieg Hilde zur Justizministerin der DDR auf.[408] Zur Aburteilung der Streikenden gründete sie einen Operativstab, der zu wichtigen Prozessen den Richtern die Entscheidungen telefonisch mitteilte. Zwei Todesurteile ließ sie mit der Guillotine vollstrecken.[409] Aus der „Roten Hilde" wurde die wegen ihrer unmenschlichen Verhandlungsführung verhaßte „Rote Guillotine" oder „Bluthilde". Andererseits förderte sie die Rechte der Frauen mit dem von ihr geschaffenen DDR-Familiengesetz von 1956.[410] Dennoch legte man ihr 1967 den Rücktritt nahe,[411] worauf sie sich tief verletzt zurückzog, jedoch den Lehrstuhl „Zur Geschichte der Rechtspflege der DDR" in Potsdam[412] übernahm. Sie starb am 18. April 1989, ein halbes Jahr vor dem Fall der Berliner Mauer.

Schicksale von Nationalsozialisten

Und 1933 wurden Sie Nationalsozialist – – Warum??

Otto Hecht, 1946

Bruno Tesch, Schädlingsbekämpfer

Otto Hechts direkte Vorgesetzte während seiner beiden
Hamburger Anstellungen, Bruno Tesch und Erich Martini,
waren, wie berichtet, am 1. Mai 1933 der NSDAP beigetreten und pflegten unterschiedliche Beziehungen zur SS.
Bruno Tesch, Geschäftsführer der Firma Tesch & Stabenow – Internationale Gesellschaft für Schädlingsbekämpfung m.b.H. (Testa) –, hatte seit vielen Jahren Konflikte
mit der Deutschen Gesellschaft für Schädlingsbekämpfung
m.b.H. (Degesch), der Mehrheitsgesellschafterin der Testa.[413] Die Degesch[414] war durch ihr Patent auf Zyklon B
eine der bedeutendsten Firmen in der Schädlingsbekämpfung. Sie entwickelte die Kammerbegasung durch Kon-
struktion verschieden großer, unterschiedlich funktionie-
render Begasungskammern.[415] Die Degesch vertrieb Zyklon B[416] über zwei Hauptvertreter, die Testa sowie die
Heli (Heerdt und Lingler) in Frankfurt am Main. Die Heli
wurde ab 1941 in Personalunion mit der Degesch von Dr.
Gerhard Peters geleitet, nachdem Walter Heerdt, der Geschäftsführer der Heli und Erfinder des Zyklon B, aus politischen Gründen zurückgetreten war.[417]

Tesch hingegen gelang es im Juni 1942 mit politischen
Mitteln, Alleininhaber der Testa zu werden, indem er sich
um die Unterstützung der Hamburger Landesregierung unter Gauleiter und Reichsstatthalter Karl Kaufmann (1900-

1969)[418] bemühte.[419] Der neue Vertrag mit der Degesch sicherte der Testa die Lizenz zur Alleinanwendung und zum Alleinvertrieb aller Blausäureprodukte für das nördlich und östlich der Elbe gelegene Reichsgebiet[420] sowie für große Teile Nordosteuropas[421] – je nach Kriegsverlauf war eine Erweiterung möglich. Seit Ende 1942 ließen sich auch die Wehrmacht, der Reichsarbeitsdienst und die Waffen-SS von der Testa beliefern. Die Testa richtete Lager in Danzig und Posen ein und entsprach damit einer Forderung des Reichsstatthalters Kaufmann, Hamburger Unternehmen sollten sich den mit den deutschen Siegen im Osten bewirkten „Verlagerungen" stellen.[422]

Die hygienischen Verhältnisse weiter Teile Europas verschlechterten sich infolge der nationalsozialistischen Eroberungs- und Rassenpolitik. Das betraf zunächst die Fronttruppen und die von Deutschland eroberten, mehr oder weniger zerstörten Länder, dann besonders die Lager und Ghettos, in denen die Nazis auf barbarische Weise immer mehr Menschen unter miserablen Bedingungen zusammenpferchten. Das durch Läuse übertragene, damals noch unheilbare Fleckfieber bildete eine große Gefahr. Unter schlechten Lebensbedingungen entstanden Fleckfieberepidemien und forderten zahlreiche Opfer, besonders unter Gefangenen. Die Zahl der Schiffsdurchgasungen ging infolge der Blockade deutscher Häfen kriegsbedingt zurück, insgesamt aber stieg der Blausäurebedarf erheblich an und ließ sich nur unzureichend decken. Die Ansprüche von Wehrmacht und Waffen-SS fanden bevorzugt Berücksichtigung.[423]

Ein Erlaß des Reichsministers für Ernährung und Landwirtschaft in Zusammenarbeit mit dem Reichsminister des Inneren erlaubte der Waffen-SS ab 1941, das Giftgas Blausäure ohne die sonst für Schädlingsbekämpfer gültigen Vorschriften anzuwenden.[424] Anfang September 1941 ermordeten Männer der Waffen-SS erstmals Menschen mit

Zyklon B. Mehr als 600 junge russische Kriegsgefangene und über 250 männliche kranke Häftlinge wurden in den Kellerzellen des Konzentrationslagers Auschwitz mit dem Zyklon B getötet, das für Desinfektionsarbeiten durch Mitarbeiter der Testa bestimmt war. Der Lagerkommandant Rudolf Höß (1900-1947) unterrichtete den Leiter des Referats IV B 4 für Judenangelegenheiten und Räumung im Reichssicherheitshauptamt Adolf Eichmann (1906-1962) über den Vorgang. Daraufhin beschloß man, den geplanten Massenmord mittels Zyklon B durchzuführen[425] und installierte in elf Konzentrationslagern Gaskammern als Mordwaffen sowie Verbrennungsöfen zur Beseitigung der Opfer. Die Testa war zu diesem Zeitpunkt bereits alleiniger Zyklon-B-Lieferant für fünf Konzentrationslager sowie Teillieferant für drei weitere.[426] Mit Zyklon B ermordeten die Nazis Millionen von Menschen.

Nach dem Krieg wurde Tesch aufgrund der Anzeige eines früheren Testa-Mitarbeiters von der britischen Besatzungsmacht verhaftet.[427] Er sowie zwei seiner Mitarbeiter, der zweite Geschäftsführer Karl Weinbacher und der Zoologe Dr. Joachim Drosihn (* 1906), standen im März 1946 vor einem britischen Militärgericht in Hamburg. Das Verfahren, über das andere Autoren[428] ausführlich berichteten, soll hier nur skizziert werden: Die Anklage beschuldigte Tesch, Weinberger und Drosihn des Kriegsverbrechens, von 1941 bis 1945 Giftgas zur „Vertilgung" alliierter, in Konzentrationslagern internierter Staatsangehöriger geliefert zu haben, „mit vollem Bewußtsein, daß das erwähnte Gas so benutzt werden wird."[429] Die drei Angeklagten sagten aus, sie hätten gemeint, daß das an die Waffen-SS gelieferte Zyklon B Desinfektionszwecken dienen würde und bestritten jede Kenntnis vom Massenmord mittels Zyklon B. Im Gegensatz dazu gaben einige Testa-Mitarbeiter an, Tesch habe gewußt, daß es um die Tötung von Menschen gegangen sei. Das Gericht folgerte, daß der zweite Geschäftsführer Weinbacher die gleiche Kenntnis hatte. Es befand Tesch und Weinbacher für schuldig im Sinne der Anklage und verurteilte beide zum Tode durch den Strang. Der dritte Angeklagte Drosihn kam mit einem Freispruch davon. In britischen Militärstrafverfahren gab es keine Berufung. Die Gnadengesuche der gegenwärtigen und ehemaligen Testa-Angestellten sowie der Stiefschwester Weinbachers wurden zurückgewiesen und Bruno Tesch und Karl Weinbacher am 16. Mai 1946 im Zuchthaus zu Hameln gehenkt.

Erich Martini, Entomologe

Erich Martini setzte nach der Machtübernahme seine Malariastudien fort, 1933 mit Unterstützung der amerikanischen Rockefeller-Stiftung in Südrußland, 1934 in Rom. 1935 nahm er ein Jahr Urlaub vom Tropeninstitut und arbeitete als wissenschaftlicher Direktor am Hygienemuseum in Dresden.[430] Dort eröffneten sich ihm, wie er 1946 anläßlich seines Entnazifizierungsverfahrens schrieb, „sehr langsam Bedenken an der gesunden Entwicklung der Partei … Zum offenen Konflikt ist es … [1936 in Dresden] nicht gekommen, obwohl … Gauamtsleiter Wegner mich … aus der Partei … [und] aus meiner staatlichen Stellung" entfernen wollte.[431] Allzu stark waren seine Einwände wohl nicht, denn im Frühjahr 1938, als man ihn um einen Beitrag zur Jubiläumsschrift für einen Schweizer Kollegen bat, erkundigte er sich vorher nach dessen „arischen Qualitäten".[432]

Im März 1938 machte Martini sich zum Akteur in einer unsagbar banalen Posse, die sich zu einem Politikum höchsten Ranges ausweitete.[433] Dr. phil. et med. Wilhelm

Weise (1892-1946), Leiter der Chemischen Abteilung am Tropeninstitut, hatte vergessen, seinen Schrank im Institut abzuschließen. Ein darin befindlicher Brief seiner Freundin gelangte als Kopie anonym an seine Ehefrau, mit der er in Scheidung lag. Der offiziell informierte Institutsdirektor Peter Mühlens (1874-1943) veranlaßte eine Untersuchung des Vorganges durch die Hamburger Gesundheitsverwaltung, die erfolglos verlief. Da Weise Nationalsozialist war,[434] empfand Erich Martini die Art der Untersuchung und die Rolle von Peter Mühlens als Provokation. Vielleicht war Martini als Präsident des VII. Internationalen Kongresses für Entomologie bei den erwähnten Kontakten zu den Größen des „Dritten Reiches" der persönliche Maßstab verloren gegangen, jedenfalls schrieb er im April 1939 wegen der Angelegenheit Wilhelm Weise einen Brief an Adolf Hitler. Die darin enthaltenen beleidigenden Äußerungen über seinen Vorgesetzten Peter Mühlens rechtfertigte er mit einer Gefahr für die nationalsozialistische Betriebsgemeinschaft am Institut sowie für die geschworene Parteigemeinschaft – aus diesem Grunde müsse er „seinem Führer" Bericht erstatten. Peter Mühlens, ahnungslos bis Anfang 1940, befürwortete noch Ende September 1939 aufs wärmste Martinis Ernennung zum außerplanmäßigen Professor. Die Affäre Weise-Martini beschäftigte jahrelang die Reichskanzlei, das Reichsministerium des Inneren, das Oberkommando des Heeres, den Reichsstatthalter in Hamburg Karl Kaufmann und den Hamburger Bürgermeister Krogmann. Sie endete im März 1943, als Martini wegen beleidigenden Verhaltens unter Berücksichtigung seiner internationalen Reputation als Wissenschaftler nicht mit Entlassung, sondern nur mit einjähriger Gehaltskürzung von 5 % bestraft wurde.

Im April 1940 als Stabsarzt zum Heer einberufen, meldete Martini sich zum Dienst beim Tropenmedizinischen Institut der Militärärztlichen Akademie in Berlin[435] unter

Ernst Rodenwaldt (1878-1965). Dort lehrte er als Leiter der Entomologischen Abteilung medizinische Insektenkunde. Seinen Hamburger Assistenten Fritz Eckstein († 1944), den Nachfolger Otto Hechts, ließ er zu sich abkommandieren.[436] Damals hofften viele deutsche Tropenmediziner, Deutschland würde nach dem gewonnen Krieg die 1919 verlorenen Kolonien wiedererlangen. Unter den Anhängern der Kolonialrevision bildeten Rodenwaldt und Martini den militärischen und rassistischen Flügel. Peter Mühlens hingegen strebte eine zivile Kolonialverwaltung an[437] mit einer Führungsrolle des Hamburger Tropeninstituts im künftigen kolonialen Gesundheitsdienst.[438] Die Abwerbung Ecksteins durch Martini während eines Kolonialärztekurses, bei dem dieser vortragen sollte, empfand Mühlens als Sabotage am Tropeninstitut.[439] So ist es verständlich, daß er den verbliebenen Assistenten Fritz Weyer (*1904) zum Vorsteher der Entomologischen Abteilung und damit zu Martinis Nachfolger machte.[440] Peter Mühlens starb ein Jahr später, zwei Monate vor der Bestrafung Martinis wegen des Verhaltens ihm gegenüber.

Der Reichsführer SS Heinrich Himmler hielt die Ungeziefer- und Läusebekämpfung für wichtig und plante ein Entomologisches Zentralinstitut. Im Januar 1942 fragte ihn der Obersturmbannführer im Persönlichen Stab Reichsführer SS Wolfram Sievers[441] (1905-1948), ob er über Aufbau und Leitung des Instituts mit Mühlens oder Martini verhandeln solle.[442] Offenbar fiel die Wahl auf Martini, der eine Denkschrift über ein Medizinisch-Entomologisches Institut für „Das Ahnenerbe e.V." – einer Institution zur „wissenschaftlichen" Begründung nationalsozialistischer Rasse- und Vorgeschichtsvorstellungen, auch mit Menschenversuchen, meist an KZ-Häftlingen[443] – verfaßte. Martini bedauert einen Rückstand der Entomologie in Deutschland, das „zu lange von unseren Kolonien getrennt" war. Die entomologische Forschung sei notwendig, weil „doch auch die Gesundheitsverhältnisse in der Heimat und in bereits befriedeten Ostgebieten für die Wehrmacht und den Kriegserfolg ... allergrößte Bedeutung" hätten. Seit Gründung des Instituts für Entomologie im SS-„Ahnenerbe" gehörte Martini dem wissenschaftlichen Beirat an.[444] Das SS-eigene Institut war ein Außenkommando des KZ-Dachau.[445] Martini engagierte sich außerdem für die Sicherung der Waffen-SS in Rußland gegen Flecktyphus und Verlausungsgefahren. Er plante eine Studienreise zur Erkundung des Läuseproblems im Osten, galt aber als Lehrer an der Militärärztlichen Akademie für unabkömmlich, obgleich Heinrich Himmler, der Martini schätzte, den Reiseplan persönlich unterstützte.[446]

Während des Zweiten Weltkrieges führte Martini seine Malariaforschungen in vielen Gebieten Europas weiter.[447] Ende Juli 1945 kehrte er aus der Kriegsgefangenschaft nach Hamburg zurück. Bereits zwei Wochen darauf bat der inzwischen 65jährige um seine Pensionierung, weil seine Stellung am Tropeninstitut durch Zurücksetzungen sowie „die ganze Politik kleiner Nadelstiche" „unglücklich" geworden sei und er seine „schief gewordene Stellung" beenden müsse. Beabsichtigte er damit, einer Entlassung aus politischen Gründen zuvorzukommen? Zunächst wollte er auch sein Amt als Hochschullehrer niederlegen, nahm jedoch nach Rücksprache mit dem Rektor davon Abstand.[448] Beim Entnazifizierungsverfahren stufte die Spruchkammer Martini im Juni 1946 als Mitläufer ein und strich ihm seine Pension.[449]

Briefwechsel zwischen
Erich Martini und Otto Hecht*

*Daß Sie im Gefühle eigener Schuld so reagieren möchten,
wie ich es von Ihnen erhoffe.*

Otto Hecht, 1946

Erich Martini wandte sich nach dem Entzug seiner Pension an den Emigranten Professor Martin Mayer in Caracas. Offensichtlich wünschte er ein Leumundsschreiben,
im Volksmund „Persilschein", für sein Berufungsverfah-
ren bei der Entnazifizierung. Auch den Briefwechsel mit
Otto Hecht begann Martini wohl aus dem gleichen Mo-
tiv.[450] Am 24. September 1946, sieben Wochen nachdem
er die Korrespondenz mit Hecht wieder aufnahm, reichte
er den Brief Otto Hechts von 1938[451] mit seinem Einspruch
gegen die Einstufung als Mitläufer beim Entnazifizierungsverfahren als entlastenden Beleg dafür ein, daß „zwischen
meinem ehemaligen jüdischen Assistenten und mir das
persönliche Verhältnis durchaus normal geblieben war."[452]

---

* Der folgende Briefwechsel zwischen Erich Martini und Otto Hecht
  aus der Zeit von August 1946 bis Februar 1947 wurde erstmals von
  Rainer Hering im Jahr 1998 publiziert und eingehend kommentiert.
  Der Verfasser dankt Herrn Privatdozent Dr. phil. Rainer Hering für
  die freundliche Genehmigung, die Briefe hier erneut abzudrucken.
  Notwendig erscheinende Erklärungen sind ohne weiteren Hinweis
  kursiv eingearbeitet.

Erich Martini an Otto Hecht, 6. August 1946 [453]

„Difficile est satiram non scribere."
recebido 8/X/[19]46 [454]
[*„Es ist schwer, eine Satire (darüber) nicht zu schreiben."*
Empfangen 8.11.1946 – Anmerkung des Empfängers Otto Hecht]

Sehr geehrter Herr Kollege Hecht!

Zufällig kam mir ein alter Brief *von 1938* [455] in die Hände, und ich fragte mich, wie es Ihnen und den Ihrigen gehen mag. Damals waren Sie sehr in Sorge. Wir selbst sind inzwischen von eigenen Sorgen und Nöten sehr beansprucht worden. So kommt es, daß ich nicht früher angefragt habe, obwohl die Möglichkeit ja schon eine Weile besteht. Lassen Sie doch mal von sich hören.

Ist Ihnen der „alte Kämpfer", *der Zoologe Dr. phil. Dr. sc. Fritz* Zumpt [456], eigentlich hier schon begegnet, der 1934 in meine Abteilung geschoben wurde und den freundschaftlichen Ton da völlig zerstörte? Ihr Nachfolger wurde ja *Fritz* Eckstein. Das hat mir *Fritz* Weyer anscheinend tödlich übelgenommen. Daß *Peter* Mühlens der Nachfolger Fülleborns wurde und 1943 gestorben ist, wissen Sie sicher. 1939 entwickelte sich ein Konflikt zwischen ihm und mir, erst schleichend, dann offen, der mir schließlich ein Disziplinarverfahren mit dem Ziel der Entfernung aus dem Amte eintrug sowie alle möglichen Übergehungen. Es ist dem Reichstatthalter *von Hamburg Karl Kaufmann* aber nicht geglückt, mich brotlos zu machen. Doch eine Gehaltsänderung wegen ungebührlicher Äußerungen über hochgestellte Personen (Mühlens u[nd] Staatssekretär Ahrens [457]) mußte ich mir gefallen lassen, weil ich die Wahrheit gesagt hatte. 1942 wurden *Ernst Georg* Nauck, *Eduard* Reichenow und *Curt* Sonnenschein [458] Abteilungsdirekto-

ren. Ich nicht! Auch Eckstein, der loyal war, wurde über-
gangen. Weyer dagegen, der öffentlich von mir abgerückt
war, und dem ich das Anliegende *[diese Anlage ist nicht
überliefert]* erwidern mußte, wurde, während ich zur
Wehrmacht eingezogen war, zum Abteilungsvorsteher ernannt und ist j e t z t hier der Leiter der Entomologischen
Abteilung geworden, während Nauck stellvertretender Direktor ist. Der vorsichtige Weyer ist ja erst 1937 der Partei beigetreten und gilt als einer der Unbelasteten, die niemals ernstlich auf Hitlers Seite gestanden haben. Ich selbst
hatte bei Rückkehr aus der Gefangenschaft am 22. Juli
[19]45 die Lage hier am Institut so unerquicklich gefunden, daß ich alsbald meine Pensionierung beantragt und
erhalten habe und anfing, im Ruhestand weiterzuarbeiten.
Leider ist es vor ungefähr 6 Wochen den Heutigen gelun-
gen, was dem Reichsstatthalter mißglückt war, mich brotlos zu machen. Man hat mir meine Pension gestrichen,
vielleicht aus politischen Gründen, weil ich, wie Sie wissen,
schon 1933 *[Jahreszahl unterstrichen, vermutlich von Otto
Hecht[459]]* der Partei beigetreten bin, vielleicht im Grunde,
weil Deutschland bankrott ist. Es scheint fast, als ob unser
Himmlischer Vater die Paradoxe liebt.

Im Kriege war ich erst Luftschutzarzt im Hafen, war im
April *1940* zum Heere eingezogen, arbeitete zuerst an der
Militärärztlichen Akademie *in Berlin* unter Rodenwaldt,
der das kleine Ziemannsche Tropeninstitut[460] dort rasch
zu erheblicher Blüte gebracht hat. Jetzt ist davon nichts
mehr übrig. 1941 war ich in Rumänien, 1941 u[nd] [19]42
auch je kurze Zeit in Griechenland, 1944 für 9 Monate in
Albanien mit gutem Erfolg gegen die Malaria, im Herbst
[19]45 kam ich nach Deutschland zurück.

Im Institut ist der Dachstuhl des Hauptgebäudes aus-
gebrannt und die Ecke mit Reichenows und meinem Arbeitszimmer durch eine Sprengbombe herausgeschlagen.
Meine Sonderdrucke sind größtenteils dabei sowie beim

Brande der Baracken der Akademie in Berlin vernichtet; ebenso mein Mikroskop, meine Präparate, meine große Kartei, Manuskripte und vieles andere Unersetzliche. – Seit 1939 wohnen wir Eppendorf, Abendrothsweg 21. 1943 beim III. Großangriff konnte ich das große Mietshaus retten, indem ich zwei Brandherde auf dem Bodenraum und im obersten Stockwerk, z.T. noch während der Schießerei und anfangs allein ablöschte. Wegen der Luftgefahr sind damals meine Frau und beide Kinder[461] aus Hamburg weggegangen. Sie sind 1945 gesund zurückgekehrt. Im Nov[ember] 1943 habe ich den ausgebombten Kollegen Reichenow aufgenommen, später seine Schwester. Außerdem wohnen bei uns seit Juli 1943 zwei ausgebombte Damen, die Sie nicht kennen. Entsprechend sind die Verhältnisse zu Hause eng. Im Institut wünscht Herr Nauck mich nicht mehr, seit ich die Pension verloren habe. Außerdem läßt einem die Sorge um die tägliche Ernährung nicht Muße und Konzentration zu rechter wissenschaftlicher Arbeit. So bin ich heute ungefähr in der Lage wie Sie 1938. Hoffentlich hat sich die Ihrige ebenso verbessert. Ob das jetzt das Ende meiner wissenschaftlichen Betätigung ist, läßt sich noch nicht übersehen.

Leben Sie wohl. Beste Grüße von Haus zu Haus.

Ihr sehr erg[ebener] E[rich] Martini.

Otto Hecht bewahrte seinem Lehrer Erich Martini lange große Hochschätzung, das zeigen die zitierte Widmung seiner Veröffentlichung von Juli 1933[462] und sein Brief aus Palästina vom Januar 1938.[463] Noch nach dem Krieg, so schrieb Martin Mayer aus Caracas, waren Hecht und seine Frau sehr von Martini eingenommen.[464] Am 8. November 1946, fast genau acht Jahre nach der Reichspogromnacht, als Otto Hecht schon wußte, das die Nazis seine Eltern und andere Verwandte ermordet hatten, las er in Martinis Brief: „So bin ich heute ungefähr in der Lage wie

Sie 1938." Dieser ungeheuerliche Vergleich der eigenen Nachkriegsprobleme als aktiver Nationalsozialist mit dem Schicksal seines von den Nazis vertriebenen jüdischen Mitarbeiters bewies Hecht, daß Martini nichts aus den schrecklichen Jahren des „Dritten Reiches" gelernt hatte und nicht bereit war, eigene Schuld am grausamen Geschehen zuzugeben.

In der Nachkriegszeit brachten Briefe aus Deutschland den Emigranten oft schlimme Nachrichten über Schicksale von Verwandten und Freunden, „denn für jeden ... mußten wir die bange Frage stellen: Mag er noch am Leben sein?"[465] Andere Briefe aus Deutschland hingegen wurden aus Sorge „um ein nicht berechtigtes Alibi" geschrieben.[466] Und immer noch hatte die vor den Nazis geflohene Familie Hecht kein wahres Zuhause gefunden. Unter diesen Umständen entstand Otto Hechts neun Seiten lange Erwiderung an Martini. Sie enthält eine kluge, manchmal „polemisch zugespitzte und dadurch treffende"[467] Analyse der Nazidiktatur, ein klares Bekenntnis zu Demokratie und Pazifismus sowie eine Schilderung der eigenen Lebensverhältnisse in der Emigration und der Schicksale von in Europa verbliebenen Familienangehörigen.

Otto Hecht an Erich Martini, 24. November 1946[468]

Sehr geehrter Herr Professor!
Ich habe Ihren Brief vom 6. August d. J. erhalten. Er wurde mir von Palästina aus nach hier nachgesandt. Der Brief selbst kam vor wenigen Wochen mit Flugpost an. Gestern kam mit gewöhnlicher Post eine der Photokopien an (Anlage No. 3 Ihres Briefes).[469] Falls der Empfang weiterer

Anlagen eine Antwort benötigen wird, die nicht schon in meinem heutigen Schreiben enthalten ist, werde ich Ihnen wieder schreiben.

Leider mußte ich Ihren Zeilen entnehmen, daß Sie sich in einer sehr traurigen Lage befinden, und als das Schlimmste stelle ich mir vor, daß Sie sich sagen müssen: Es ist meine eigene Schuld. Ich meine damit nicht, daß Sie etwa nicht so klug waren wie der „vorsichtigere Herr Weyer", sondern ich meine damit, daß Sie sich von einer „Bewegung" (der nazistischen) angezogen fühlten, und 12 Jahre lang derselben gedient haben, einer „Bewegung", die nur dazu bestimmt war, Unglück und Elend über die ganze Welt zu verbreiten, und mehr als Unglück über das eigene Land und Volk: die tiefste Schande.

Die Niederlage Deutschlands datiert nicht vom Mai vorigen Jahres, als die Trümmer des deutschen Heeres den Frieden erbaten; sie datiert von 1933, als die geschworenen Feinde der Menschlichkeit, als diese „Bewegung" die Macht eroberte, um Deutschlands Geschick zu bestimmen.

Sie wissen, ich lebte damals noch in Deutschland und konnte und mußte ansehen, welche Niederlage der Sieg der Hitlerrotte für Deutschland, dieser sogenannten „Revolutionäre" und ihrer Mit- und Nachläufer, bedeutet. Keiner in Deutschland, der 1933 schon erwachsen war, kann als Entschuldigung anführen, nicht gewußt zu haben, in welchen moralischen Sumpf der „große" Hitler das deutsche Volk führen wird.

Aus seinem eigenen Munde war es zu hören, was er plant und vorhat: Er verbot den Deutschen zu denken; er allein wird entscheiden, was „gut und recht" ist (natürlich ohne jemals irgend jemand Rechenschaft über die Richtigkeit seines Tun und Handelns ablegen zu müssen). Deutsche (nicht alle) jubelten, als sie zu einer Herde dummen stumpfen Viehs erklärt wurden; der gute Hirte Hitler oder einer seiner Unterhirten wird für uns getreulich sorgen (auf das Melken verstanden sie sich sehr sehr gut). R e c h t wurde, was uns frommt (man sagte uns den „Deutschen" und meinte uns den Nazis – – laut Totalitätsprinzip).

Wahrheit ... Quantité négligeable; Deutsche mußten in „Mein Kampf" lesen, daß keine Lüge dumm und groß genug ist, um nicht durch ständige Wiederholung glaubhaft gemacht werden zu können.[470] Je faustdicker die Lüge, desto leichter wird sie geglaubt werden. Deutsche lasen dies und entschlossen sich (nicht alle), die Lügen gern zu glauben und sich für alles zu begeistern, was ihnen vorgelogen werden wird.

Das war 1933, als Sie sich sofort nach dem Umsturz zum Eintritt in die Nazipartei und zu aktivster Mitarbeit entschlossen. Wir hatten damals sechs Jahre lang zusammengearbeitet, und wir sagen wohl beide: Wohl selten dürften ein älterer, durch fleißig genutzte Jahre erfahrener Forscher, und ein jüngerer, erst am Anfang stehender in schönerer Harmonie zusammengearbeitet haben. Sie gaben mir Anregung, Hilfe, Beispiel, und ließen mir andererseits jede Freiheit, eigene Gedanken und Kritikfähigkeit zu entwickeln. Über den Beruf hinaus empfanden wir menschlich voreinander Hochachtung. Ich schätzte in Ihnen einen ehrlichen, aufrechten Charakter, manchmal ein bißchen schroff (berechtigter Weise), wenn er in anderen geistige Unsauberkeit, moralische Laxheit, Pflichtvergessenheit entdeckte, manchmal ein wenig sarkastisch gegenüber geistiger Unzulänglichkeit, aber im Grunde des Charakters, ich möchte sagen, etwas von jener Art Güte, die den klugen Menschen auszeichnet. Über das, was Sie an mir schätzten, kann ich nicht schreiben, aber ich glaube, daß auch Sie mich nicht nur als einen strebsamen Schüler schätzten, sondern menschlich hochachteten. Sie kannten meine Frau, meine Familie, und ich glaube, unsere Auffassung von Beruf und Leben, unser Charakter, unser Lebensstil gefiel Ihnen.

Dann kam 1933; die große Kluft trennte uns. Wir hatten keine Gelegenheit mehr, über das, was vorging, zu rechten und zu streiten; die Trennung durch Breite und Tiefe der Meere trennte uns; zudem verbot uns ja Hitler derartige Diskussionen, zu mindestens Ihnen als seinem Adepten. Aber welche Kluft, viel größer als jede räumliche Trennung trennte mich nun von Ihnen, einem Mann, der durch seinen Übertritt in das neue Lager sich freiwillig in die Sklaverei begab, und sich mit jenen nihilistischen Mächten verbündete, für die die Begriffe Gerechtigkeit und Wahrheit nicht existierten, und sich mit jenen Anbetern ungeläuterter Kraft und roher Gewalt vereinte, die sich anheischig machten, aus dem menschlichen Fühlen alles auszurotten, was wir gemeiniglich unter dem Begriff der „Nächstenliebe" zusammenzufassen pflegen.

Ich wanderte damals aus; wir können sagen freiwillig und unfreiwillig. Letzteres durch den Verlust der Arbeitsmöglichkeit wegen meiner Rasse, die ich weder, wie Hitler so gern möchte, als Makel noch als Auszeichnung empfinde; beides wäre gleich unsinnig. Aber ich war heilfroh, nicht „arisch" zu sein, so konnte ich nicht gezwungen werden, den Arm hochzuheben, statt Menschen mit einem Wunsch auf ihre Gesundheit oder ihr gutes Ergehen oder mit einer Aufforderung zur Gottesfurcht zu grüßen. – Ich habe schon vor den neuen Bestimmungen *[dem Gesetz zur Wiederherstellung des Berufsbeamtentums]* des April 1933 versucht, eine Stellung im Ausland zu finden. Ich mochte die Luft der Unfreiheit nicht mehr atmen, in der Denken, Gerechtigkeit und Wahrheit verbannt waren. Außer meiner „Rasse" (und dem menschlichen Ekel an dem, was vorging) besaß ich zwei Dinge, und die gehörten zu mir, nicht einfach gegeben von der Natur, sondern ich besaß sie aus Überzeugung:

Ich war Demokrat und Pazifist. In meiner Auffassung der Demokratie als der einzig möglichen politischen Norm, trotz aller Unzulänglichkeit eines jeden parlamentarischen Regierungsapparates, bin ich weiterhin durch den Anschauungsunterricht der letzten 13 Jahre genügend bestärkt worden. Daß ein denkender Mensch nach dem Erlebnis des Ersten Weltkrieges (welch trauriger Ruhm für unsere Generation, sie darf Weltkriege numerieren) nicht aktivster Pazifist wurde, ist mir unbegreiflich. Außerhalb Deutschlands sind die meisten Menschen es geworden; Hitler hat vom pazifistischen Geist des Auslandes leider zuerst gewaltig profitiert. Aber wie viele Menschen in Deutschland sind diesen größenwahnsinnigen Alldeutschen[471] Hitler'schen Couleurs und anderer Parteifärbung begeistert nachgelaufen! Aufrüstung und Rache! war die einzige Parole. Nicht um Unrecht gut zu machen oder eine Besserung, einen Fortschritt, irgend etwas Positives zu erreichen. Ein Versailler Vertrag existierte 1933 praktisch nicht mehr!! Jeder wirkliche Fortschritt, den die Weimarer Republik erreicht hatte, wurde hämisch betrachtet; Deutschnationale und Nationalsozialisten, in geistiger Brüderschaft mit den Kommunisten, haben jeden Fortschritt sabotiert, um die Nutznießer jeder Art von Krise zu werden.

All dies wußten Sie, sahen Sie, – – und 1933 wurden Sie Nationalsozialist. – – Warum??

Bei anderen, die schnöderweise und gleichfalls raschestens diese Wendung vollzogen haben, ist die Erklärung sehr leicht: Krassester Opportunismus; der Wunsch, sich unter dem neuen Regime eine Laufbahn zu sichern und möglichst große Vorteile zu erwerben: Von Ihnen glaubte ich nie, daß dies die Triebfeder Ihres Handelns gewesen sein könnte.

Sie schlossen sich aus mir unbekannten Gründen dem Neuen an und wurden ein aktiver Mitarbeiter. Über einiges, was Ihnen vermutlich nicht gefallen konnte, setzten Sie sich rasch hinweg: „Ein paar Menschen", die sich erlaubten, eine andere Auffassung über Leben, Staat und

Politik zu haben, wurden gefoltert, zu Tode geprügelt; „ein paar Menschen" wurden wegen ihrer Rasse oder ihrer Religion diffamiert, beschimpft, bestohlen, aus Amt und Heimat gejagt: Kleinigkeiten, unschön vielleicht, nicht ausschlaggebend. Es geht um Höheres, Größeres![472] Was war das Höhere, Größere, zu dem diese Gangsterhäuptlinge jemals führen könnten, Gangster, als die sie schon längst durch die Art und Weise, wie sie ihren innenpolitischen Kampf geführt hatten, kenntlich waren.

Ich kann h e u t e nicht klar sehen, was Sie einst zu diesem unglückseligen, schmachvollen Schritt bewogen hat. Ein Mann wie Sie hatte nicht nötig, das zu tun. Sie haben Besseres in Ihnen vergewaltigt und vergessen. – – Wie viel schöner wäre es gewesen, Sie hätten sich in Ihr Laboratorium oder Studierzimmer eingeschlossen, versucht, nur Ihrer Arbeit zu leben, statt sich diesem Pöbel anzuschließen. Freilich wären Sie dabei gestört worden. Aber Sie hätten wenigstens mit Stolz auf sich blicken können.

Sie beklagen sich in Ihrem Brief bitter über Ihre Kollegen und einstigen Schüler im Tropeninstitut. Ich muß dazu bemerken, es interessiert mich sehr wenig, daß Sie sich heute streiten, wer war ein 100%iger, wer war ein 50%iger oder nur 25%iger Nazi. Daß Sie sich während der „glorreichen" Nazizeit schon stritten und daß die schöne Atmosphäre von Kollegialität und Freundschaft, die der wissenschaftlichen Arbeit einst so förderlich war, in Ihrer Abteilung rasch verloren ging, wundert mich keineswegs. Dies alles war nur die Folge der neuen herrschenden Prinzipien: Ich erinnere mich einer Unterhaltung mit Kollegen des Instituts in den Tagen meines Abschieds von dort, in der ich damals wörtlich sagte: Daß Hitler heute die Juden und weitere Nicht-Vollarier aus den Reihen der deutschen Wissenschaft verjagt, wird zu dem Niedergang derselben führen. Obwohl die Leistungen der Juden in der deutschen Wissenschaft sicher nicht unter dem Durchschnitt standen und obwohl sich ganz hervorragende Männer unter diesem Häuflein befanden (die Zahl der jüdischen Nobelpreisträger aus Deutschland war eine beträchtliche), die deutsche Wissenschaft ist groß genug, entstandene Lücken, sie mögen auch noch so beträchtlich sein, allmählich auffüllen zu können. Aber daß in der Wissenschaft und in der Schulung ihres Nachwuchses plötzlich andere Bewertungen gelten als die Bewertung der Leistung und der Persönlichkeit, das wird ihr einen katastrophalen Schlag versetzen. Sie haben diesen Schlag im eigenen Institut und in der eigenen Abteilung, wo sich „alte Kämpfer" und neue Anhänger der neuen Richtung mischten, verspürt.

Ich erinnere mich noch eines anderen Gespräches, das ich in jenen Unheil kündenden Tagen der Jahreswende 1932/33 im Institut für Tropenkrankheiten hatte. Ihr politischer Freund und, ich glaube, Parteigenosse *Wilhelm* Weise sagte mir, als wir politische Fragen diskutierten: Er verstehe ja, daß ich, weil Jude, durch die Hitler'sche Politik mich beunruhigt fühle; ich dürfe aber doch nicht zu weit gehen, vieles in Deutschland sei doch nicht schön und einschneidender Reformen bedürftig, Hitler werde vieles bessern! Und der ganze Antisemitismus sei ja nur Propaganda und Wahlspeck. Ich entgegnete damals: Wer derartig demagogisch an niederste Instinkte appelliert und auf derartig verlogene und unanständige Weise Propaganda macht, wird noch weit tiefer sinken und noch viel schweinischer sein, wenn er erst einmal die Macht hat, und daß infolgedessen jeder für mich verloren ist, der nur an ein Paktieren mit dem Hakenkreuzgesindel denkt, auch wenn er sich selber anderen politischen Parteien zuzählt.

Sie erwähnen in Ihrem Brief einige der noch heute im Tropeninstitut arbeitenden Kollegen: Professor Reichenow, Dr. Sonnenschein, Dr. Nauck, Dr. Weyer. Ich weiß nicht, inwieweit die genannten Kollegen mit den Nazis während der Nazijahre kräftigst sympathisiert haben. Die

politische Haltung einzelner von ihnen vor Hitlers Macht-
antritt läßt dies leider vermuten. Ich vermisse andere Na-
men: Was ist aus meinem Freund Dr. Hans Vogel, dem
Helminthologen, geworden, was aus *dem Chemiker* Dr.-
Ing. Manfred Oesterlin *[1900-1948]*, dem Assistenten in
Giemsas Abteilung; wie geht es Frau Professor Fülleborn?
Ich würde gern von diesen hören und ihre Adressen wissen.
Oder sollte ich mich auch in diesen getäuscht haben? Daß
Herr Weyer schon 1933 stärkste Hakenkreuzsympathien
hatte, dürfte daraus hervorgehen, daß er in den Tagen des
innenpolitischen Machtkampfes oder der Machtübernahme in seiner Wohnung Hakenkreuz flaggte – so wurde mir
wenigstens erzählt –, als noch kein Zwang dazu bestand.
Ich persönlich muß ihm zwar zugute halten, daß er noch
in den letzten Wochen meiner Anwesenheit im Institut mir
bekannte, daß er zwar große Stücke auf den Nationalsozialismus gebe, daß er aber den antisemitischen Kurs Hitlers für ungerecht, verwerflich und durchaus verabscheu-
ungswürdig halte.

Sie fragen nach meinem und meiner Familie Ergehen.
Nachdem ich mich während sieben Jahren in Palästina
mehr schlecht als recht mit Hilfe von Stipendien durchs
Leben geschlagen habe, nahm ich 1940 eine Einladung des
Gesundheitsministeriums in Venezuela an, um dort am
Institut für Hygiene als Entomologe zu arbeiten. Nach
meinem Eintreffen dort trat ein Umschwung in der Wissenschaftspolitik des Landes ein; der Institutsdirektor, auf
dessen Wunsch ich nach dort berufen worden war, zog
sich 14 Tage nach meiner Ankunft vom Amt in eine private Tätigkeit zurück. Da ein Entomologe als unnötig empfunden wurde, saß ich mit meiner Familie nach 4 Monaten
Arbeitsmöglichkeit im teuersten Land der Erde auf der
Straße. Ich habe dann im Laufe von 6 Jahren in Venezuela
vorübergehend Stellungen bekleidet, meistens schlecht bezahlte, zeitlich begrenzte wissenschaftliche Sonderauftrà-

ge. Nach und nach haben die Venezolaner meine Mitarbeit schätzen gelernt und mir zu helfen versucht, so daß ich vor einem Jahr, als ich nach Mexiko ging, trotz allem, was ich dort erfahren hatte, von einigen von ihnen als guter Freund schied.

Hier in Mexiko (seit 15 Monaten) arbeitete ich mit einer Industriefirma, die gebürtigen Schweizern gehört, um bei der Errichtung eines Insektizidgeschäftes zu helfen (vornehmlich DDT-Produkte). Ich habe enorm viel Arbeit, da ich mich im gleichen Maße mit Problemen der landwirtschaftlichen, veterinärmedizinischen und medizinischen Entomologie zu befassen habe und um viele Fragen der industriellen Organisation und Propaganda kümmern muß. So finde ich leider nicht die Zeit zu genügender Vertiefung in einzelne Forschungsprobleme, auch solche praktischer Natur, und auf die Dauer wird es wohl nicht der ideale „Job" für mich sein.

Es ist klar, daß ich bei diesem unsteten Wanderleben nicht das leisten konnte, was man unter mehr normalen Umständen erwarten mußte. Zu oft mußte ich angefangene Studien und Arbeiten aufgeben, um mich mit mir neuen Problemen zu befassen. Ich habe stets versucht, trotz aller Schwierigkeiten zu arbeiten, und konnte zuweilen viel Interessantes studieren: In Venezuela die Flohfauna der Nagetiere mit Mutmaßungen über die Bedeutung verschiedener Floharten für die Epidemiologie einer endemischen Nagetierpest; dreimal war ich südlich des Orinocco zu Waldmoskitostudien in Verbindung zum Problem des jungle yellow fever *[Dschungelgelbfieber[473]]*. Wiederaufnahme von Studien über den allergischen Charakter der Hautreaktionen gegen Insektenstiche (vornehmlich mit Moskitos und mit in Massen gezüchteten Nagetierflöhen). Züchtung und Eiablage der Dermatobia hominis *[Dasselfliege[474]]* im Laboratorium. Studium der Viehplagen in Venezuela. Heute in Mexiko ebenfalls Versuche zur

Viehplagenbekämpfung und Beschäftigung mit Citrus-Plagen.

Die Schwierigkeiten unseres oft unbequemen und meist kargen Lebens waren für meine Frau und mich dazu da, überwunden zu werden. Was uns Schmerz bereitete, den wir nie überwinden werden, war das Schicksal, das Ihre Parteifreunde unseren Angehörigen bereiteten. Die Geschichte unserer Familie ist ein so typisches Beispiel, daß es in diesem Brief, der sich so viel mit dem durch das Nazitum „Erreichten" beschäftigt, leider nicht fehlen darf:

Zunächst mein Bruder *Dr. med. Paul L. Hecht.* Beruf Arzt, 6 Jahre älter als ich, im Ersten Weltkrieg daher Frontkämpfer. Laut den berühmten Hitlergesetzen *[Gesetz zur Wiederherstellung des Berufsbeamtentums]* von 1933, daher Möglichkeit, seinen Beruf fortzusetzen, um dann 1938 mit vielen Tausenden für einige Monate in Dachau „konzentriert" zu werden, wo ihnen durch Hunger, Prügel und Torturen beigebracht wurde, daß auch sie gut daran tun würden, Deutschland zu verlassen und ja nicht daran denken sollten, etwas von ihrem Hab und Gut mitnehmen zu wollen. Seine Kinder (die jüngste, glaube ich, damals acht Jahre alt) flohen nach England, jedes an einen anderen Platz, wo sie in der schönsten und hochherzigsten Weise von christlichen, „arischen" Familien aufgenommen wurden. Mein Bruder floh in die Schweiz und von dort via Frankreich nach England, nachdem er von in Dachau geholter Krankheit genesen war. Seine Frau *Silly* via Italien nach Amerika. Es dauerte über 2 Jahre, bis die Familie in Amerika, natürlich ohne einen Pfennig Geld, sich wiedervereinen konnte. Mein Bruder praktiziert heute in der Nähe von Boston/Mass[achusetts][475] und wurde kürzlich nebenamtlich Lecturer in einer Medical School[476]. Seine drei hochbegabten Kinder *Lisa, Ted und Erica*[477] erfreuen sich der besonderen Zuneigung ihrer amerikanischen Universitätslehrer. Sein Sohn *Ted* ist wohl der einzige von uns, der Deutschland jemals wieder sah. Er ist mit Patton's Armee durch Süddeutschland hindurch nach der Tschechoslowakei marschiert, gehörte dann zur Besatzungsarmee, konnte einen Großonkel *[Herman Thalmessinger]*, der Theresienstadt überlebt hatte, aber dort verrückt geworden war, auffinden, in einem Sanatorium in Stuttgart unterbringen, wo der Onkel einst gelebt hatte und wo der Junge aufgewachsen war. Der Onkel ist kürzlich *[1946]* gestorben. Er *[Ted]* konnte in Ulm, meiner Vaterstadt, die einzigen „Theresienstadt"-Überlebenden Ulmer sprechen, es handelte sich um ein Ehepaar, er, schwer kriegsbeschädigt aus dem ersten Weltkrieg, ging immer an Krücken, und sich über das Schicksal meiner armen Eltern erzählen lassen:

Leider ist meinen Eltern nie die Auswanderung geglückt, trotz mancher Versuche. Zuerst verlor mein Vater die Berufsmöglichkeit.[478] Jüdische Ärzte waren nicht mehr würdig, „edle arische Körper" zu berühren. Mein Vater war ein Arzt der besten alten Art, für arm und reich stets gleich bereit als Helfer. Wenn ich gelernt habe, was eine seriöse Berufsauffassung und Pflichterfüllung ist, was ein aufrechter Charakter ist, so hat mich das das Beispiel meines Vaters gelehrt. Ich brauche nicht zu beschreiben, wie mein Vater von seinen Patienten geschätzt und geachtet wurde. Dann kamen diese Schmutzfinken, übten durch Berufsorganisationen und Krankenkassen Zwang auf die Klienten aus, ihren Arzt zu verlassen. Dann nahmen sie die Erlaubnis zur Berufsausübung ganz fort; dann zwangen sie die alten Leute, in einem bestimmten Haus *[einem Judenhaus]* zusammengepfercht mit anderen zu leben, dann in einem Dorf *[Oberstotzingen*[479]*]*, und dann transportierten sie sie ins Konzentrationslager. In einem Brief der oben erwähnten einzigen „Theresienstadt"-Überlebenden an ihre Bekannten in Amerika schreibt die Frau wörtlich: Doktor Hecht ist in meiner Krankenstube buchstäblich und elendiglich verhungert; seine Frau folgte ihm einige Wochen später, nachdem sie den Verstand verloren hatte. *[Hier trügen die Erinnerungen der Frau, nachdem sie die Schrecken von Theresienstadt überlebte: Die erst mehr als sechs Monate nach diesem Brief von Otto Hecht ausgestellten Todesbescheinigungen[480] besagen, daß Frau Hecht am 13.1. 1943 verstarb, ihr Mann Dr. Hecht acht Tage später am 21.1.1943.]*

Von den Verwandten meiner Frau fehlt uns jegliche Nachricht. Eine Schwester, *[Lotte Caro]*, durch ein chronisches Leiden am Auswandern verhindert, mag ebenfalls in einem Lager verhungert oder in einer Gaskammer „sanft entschlafen" sein. Von ihrem Onkel, dem Anatom Ludwig Pick, Prosektor am Krankenhaus Friedrichshain in Berlin, fehlt jegliche Nachricht. Ein anderer Onkel, *[Georg Pick]*, Reichsgerichtsrat in Leipzig, hat schon in den Jahren vor Hitlers „Machtübernahme" sich umgebracht; er konnte die mit seinem hohen Posten verknüpfte Verantwortung nicht mehr tragen. Wir vermuten, er hat zu deutlich gesehen und geahnt, welche Art deutscher Rechtsprechung nun ihren Einzug hält. *[Diese Vermutung der Familie Hecht trifft nicht zu, denn Georg Pick verstarb 1929 bereits im Ruhestand.[481]]* Andere Verwandte haben Gift genommen, als sie die „Reise nach Osten" antreten sollten.[482]

Leider ließe sich eine solche Liste über das Schicksal unserer Verwandten und Freunde noch lange fortspinnen, und dieser in jeder Hinsicht so traurige Brief wird eher zu lang. Aber e i n Schicksal will ich noch erwähnen; es ist so kraß wie selten eines: Ich muß dabei sogar etwas weit ausholen. Meine Mutter hatte eine Schwester, die in jungen Jahren Witwe wurde; ihr ältester Sohn war damals zwei Jahre alt, ihr jüngster sechs Wochen alt. Sie hat von einem Geschäftsanteil ihres verstorbenen Mannes bescheiden gelebt; aber ihren Buben wurde die beste Erziehung zuteil.

Es waren begabte Jungens. Der ältere *Dr. phil. August Moos*[483], seit Schülerjahren an Petrefakten *[= Versteinerungen von Steinen oder Tieren]* und Geologie interessiert, studierte Bergfach und Geologie, der jüngere *Theodor Moos (1896-1918)* war ein begabter, noch die Akademie besuchender Kunstmaler, als der Krieg 1914 ausbrach; beide sofort kriegsfreiwillig wie ja die meisten Studenten. Der jüngere vier Jahre immer an der Front, Beförderung bis zum Leutnant, EK I etc. etc. 1918 in Frankreich gefallen. Der ältere fiel schwer verwundet 1915 in französische Kriegsgefangenschaft, kehrte 1919 oder 1920 zurück. Nahm sein Studium wieder auf. Seine Mutter lebte nun mit ihm in deutschen Universitätsstädten. *Er* wurde Geologe im Dienste von Petroleumgesellschaften in Mitteldeutschland. Dank Hitler konnte er seine Anstellung nicht weiter behalten; die Gesellschaft *(PreußAG)* umschiffte die Schwierigkeit und zog ihn als Gutachter zu. Leider, denn so wanderte er erst relativ spät *im Dezember 1939* aus, und nicht nach Übersee, sondern mit seiner Familie und seiner greisen Mutter nach Jugoslawien, um dort als Wasserbohrer tätig zu sein. Die Deutschen überfallen den Balkan, finden die Familie, *verhaften sie im Juni 1944* und schleppen sie durch diverse Gefängnisse und Konzentrationslager nach Deutschland zurück. Der Mann wird alsbald von der Familie getrennt und *1944/45* in Buchenwald umgebracht. Die alte Mutter verhungert. Frau und Kinder bekommen *im KZ Bergen-Belsen* Fleckfieber. Ein Kind stirbt nach der Befreiung durch die Alliierten an den Konzentrationslagerfolgen. Überlebend, die Frau, *Dr. phil. Beata Moos geb. Hamlet (1902-1984)*,[484] (gebürtige Hamburgerin, „Halbarierin", wie es so schön heißt), die eine Beinlähmung zurückbehält, und ein Mädchen.

Dies war der Dank der Nationalsozialisten, ihrer alldeutschen und militaristischen Mitläufer an die Frontkämpfer von einst. Ich bin der Letzte, der einen Menschen nur nach seinen militärischen Verdiensten beurteilt, zivile Verdienste stehen oft vielmals höher. Aber die Kraßheit dieses Falles zeigt wohl doch auch denen, die nie sehen wollten, was vorging, welch' Verbrechergesindel sich unter dem Hakenkreuzbanner zusammenfand, und daß jeder Rest soldatischer Ehre dank der nationalsozialistischen Führung und ihrer Duldung durch die deutschen Militärkreise aus Deutschland verbannt worden war.

Hitler und seine Gefolgsleute haben gegen meine „Rasse" die schlimmsten und unglaublichsten Verbrechen begangen. Aber sie haben ein noch größeres Verbrechen begangen: Mit Absicht einen Eroberungskrieg vorbereitet und angefangen mit dem Ziele, als „Herrenrasse" andere Völker zu versklaven. Freilich war Herr Hitler friedliebend: Er hätte es gerne gehabt, es wäre immer so gegangen wie anno München mit der Tschechoslowakei, und er hätte alles durch Drohung und Erpressung erreichen können.[485] Er hätte es gerne gehabt, England hätte sich nicht um das Schicksal anderer Völker gekümmert und ihm freie Hand zu weiteren Schändlichkeiten gelassen.

Ich habe Ihnen in diesem Brief ein bißchen viel über das Schicksal meiner und meiner Frau weiteren Familie erzählt, etwas zu viel Persönliches in einem Brief, der vielleicht besser getan hätte, die Geschichte der 12 glorreichen Jahre eines sogenannten dritten Reiches mehr im allgemeinen zu analysieren. Ich will aber etwas Allgemeines an diese durch die Beschreibung von Einzelschicksalen gegebene Illustration anschließen. Die Frage, die ich im folgenden aufwerfe, hätte ich vor 1933 nicht mit Ihnen diskutiert. Es wäre damals eine Verteidigung, eine zwar sehr berechtigte Verteidigung gewesen, aber vielleicht hätte mir untergeschoben werden können, daß ich selbst noch im politischen Kampf stehend, nicht sachlich und objektiv genug urteilen würde. Heute, da mein Lebensschicksal wohl nie mehr mit dem Schicksal Deutschlands verknüpft sein wird, und auch das meiner Kinder nicht, glaube ich, die folgende Frage sehr unparteiisch beantworten zu können:

Wer waren diese Menschen, die Hitler jahrelang mit Duldung oder gar Billigung weitester Kreise des deutschen Volkes gequält hat, um sie dann nach Jahren der Qual auf grausamste Weise umzubringen? Sie gehörten zu den besten Bürgern, die die deutsche Nation je besitzen konnte. Sie gehörten dazu dank ihrer Auffassung vom Leben und dank der Art, wie sie ihr privates Leben führten: Strebsam, ehrlich, sauber in jeder Beziehung, gütig, liberal und tolerant anderen Gesinnungen gegenüber, demokratisch auch den sogenannten „Niederstehenden" voll achtend, ihre berufliche Qualifikation als soziale Verpflichtung auffassend, ihren Reichtum, falls sie welchen erworben hatten, ebenso. Aus dieser Art ihrer Lebensauffassung entsprang ihre politische Haltung, aus ihrer Achtung für den Mitmenschen ihr politisches Bekenntnis zur Demokratie; aus ihrer Gewohnheit, ständig an ihrer eigenen Weiterbildung zu arbeiten, aus ihrer Liebe zur Wissenschaft und aus ihrer Erkenntnis geistiger Fähigkeiten als den Triebfedern sozialer und kultureller Fortschritte entsprang ihr bedingungsloser Wille zur Verteidigung der Gedankenfreiheit und ihr Bekenntnis zum politischen Liberalismus.

Hitler hat diese Menschen wegen einer physischen Gegebenheit, ihrer Rasse gemordet, aber was er getötet hat, war mehr als Personen, es waren seinen infernalischen Instinkten im Wege stehende Kräfte, gleichgültig, ob die oben angeführten Lebensprinzipien und politischen Auffassungen von Juden oder Christen vertreten wurden. Hitler hat mit Recht in uns seine Feinde gesehen. Leider hat Hitler Vorarbeiter gehabt in den meisten Perioden der modernen deutschen Geschichte: Großmannssüchtige Nationalisten, Menschen und Menschlichkeit hassende Reaktionäre. Alle diese haben die besten Kräfte der deutschen Kultur gemordet; sie haben Schlacht- und Kriegsgötter verherrlicht und einer großen deutschen Welt den Untergang bereitet: Goethe, der allumfassende Geist und Weltbürger, versank; „Edel sei der Mensch, hilfreich und gut, denn das allein unterscheidet ihn von allen Wesen, die wir kennen." Hitler sagt: „Humanitätsduselei". Schiller, der markanteste Kämpfer für Freiheit und Menschenwürde, versank, statt dessen die „Heil Hitler-Gesslerhutreverenz".[486] Und alles feinere Kulturstreben im Leben der modernsten Zeit, das sich dem offenbarte, der die Organe zur Wahrnehmung dafür hatte und sie schulte, versank. Alle diese das Leben des einzelnen oder eines Volkes wertvoll machenden Strebungen, wesentlich nicht nur in ihren künstlerischen und kulturellen, sondern auch in ihren sozialen Auswirkungen, verstummten oder flüchteten, oft um in fremden Sprachbereichen zu vertrocknen. Ich habe mich in den letzten Tagen gefreut, daß ein deutscher Dichter (der glücklicherweise schon seit den Jahren des Ersten Weltkrieges in der Schweiz lebte) den Nobelpreis für Literatur zugesprochen bekam: Hermann Hesse, der deutschem Nationalismus himmelweit entfernt war, und dessen Schöpfungen mir in den Jahren des Wachstums und der Reifung mithalfen, menschlich fühlen und gerecht denken zu lernen.

Ich bin damit einverstanden, falls Sie diesen Brief unseren ehemaligen Kollegen des Institutes zeigen wollen, jenen wenigen Freunden, von denen ich annehme, daß sie den Ereignissen der grauenvollen 12 Jahre gegenüber so denken wie ich, und die im Verborgenen Entsetzliches gelitten und gefühlt haben müssen, und jenen andern, von denen ich wünsche, daß sie im Gefühl eigener Schuld so reagieren möchten, wie ich es von Ihnen erhoffe. Ich weiß zwar nicht, ob mein bescheidener Brief fähig ist, Sie zu belehren und zu einer Umkehr zu bringen. Denn alles, was ich heute geschrieben habe, konnten Sie ja schon längst wissen. Ich hoffe, Sie kehren um; denn es ist für Sie eine Aufgabe reserviert: Das Gift aus der Seele Ihrer Kinder zu tilgen, das das Aufwachsen in einem Nazielternhaus und in den Schulen des „Dritten Reiches" ihnen eingeflößt hat. Möge Ihnen ein mitleidiges Geschick die Spannkraft und Gesundheit geben, dies zu erfüllen.

Ich selbst bin für Sie und Ihre Frau Gemahlin Ihr Ihnen aus alten Tagen bekannter und nicht veränderter

O[tto] H[echt]

Man weiß nicht, wie lange Hechts Brief von Mexiko nach Hamburg unterwegs war. Aber noch bevor Martini im Februar 1947 darauf antwortete, wurde er als außerplanmäßiger Professor wegen seines Verhaltens in der Nazidiktatur auf Anordnung der britischen Militärregierung aus dem Lehrkörper der Universität entlassen.[487] Martinis Erwiderung auf den Brief Hechts ist Ausdruck seiner Weigerung, die mißliche persönliche Lage als Sühne für eigene Schuld anzunehmen, und geriet ihm zu einer Meisterleistung der Verdrängung.[488]

Erich Martini an Otto Hecht, im Februar 1947[489]

Sehr geehrter Herr Doktor Hecht!

Ihr Brief war mir eine große Überraschung. Gleich geht es von meiner „Schuld" los: Habe ich Ihnen, als Sie im Unglück waren, noch kränkende Worte gesagt? Habe ich Ihnen die Taten einiger Juden zum Vorwurf gemacht, die es damals erst dazu gebracht hatten, daß Antisemitismus bei zahllosen, unkritisch verallgemeinernden Deutschen ein Werbemittel werden konnte? Ich meine, ich habe Ihnen zu helfen versucht und für Sie ins Ausland geschrieben, obwohl es die Partei nicht wünschte. (Ich weiß, Sie haben Ihre Stellung selbst gefunden und sie nicht meinen Bemühungen zu danken.) Sie sind nicht der einzige gewesen, für den ich mich bemüht habe. – Diesen Absatz *[in dem Hecht schrieb, Martini müsse zu seiner traurigen Lage sagen: Es ist meine eigene Schuld]*[490] habe ich zweimal gelesen, weil ich erst glaubte, ich müsse Sie mißverstanden haben. Zunächst dachte ich dann, eine Antwort sei überhaupt unter meiner Würde.

Ihr Brief war mir aber insofern sehr wichtig, als er einen Einblick in die uns bisher unverständliche Psychologie weiter Kreise des Auslands gab und an den entsetzlichen Nachrichten aus Ihrer Familie überzeugte, daß das in der Presse seit 1945 Berichtete Realitäten entspricht. Daß die furchtbaren Erlebnisse und die Zerstörung Ihrer eigenen, während der Hamburger Zeit wohl begründeten Lebenshoffnungen eine Bitterkeit erzeugen kann, welche nicht mehr sine ira et studio *[ohne Zorn und ohne Eifer, also objektiv]* urteilt, ist verständlich. Aber ist der Vorwurf Seite 1, Absatz 4, Ihres Briefes *[„daß keiner in Deutschland, der 1933 schon erwachsen war, nicht gewußt habe, in welchen moralischen Sumpf … Hitler das deutsche Volk führen wird,* "[491]] nicht eine jener Verallgemeinerungen, die gerechte Menschen gern vermeiden? Sie können das durch nichts belegen, aber Sie neigen dazu, es zu glauben. Denn Ihre Gefühle und Gedanken wären gerechtfertigt, wenn es so wäre! Als ich Student war, stand ich eine Weile dem Monismus[492] nahe und in einem Kreise, in dem man zu sagen pflegte, wer an die christliche Kirchenlehre zu glauben behauptete, sei entweder ein Dummkopf oder ein Heuchler. Vor diesem Trugschluß hat mich die Tatsache bewahrt, daß ein kluger und ehrlicher Freund von mir ein strenggläubiger Pfarrer geworden ist. Was ist, muß möglich sein, das habe ich den anderen entgegengehalten. Das ist liberaler, naturwissenschaftlicher (empirischer) und toleranter. Waren Fräulein Müller[493] und Frl. Creydt Gangster? Lächerlich! Nicht im moralischen Sumpf hinein, sondern aus ihm heraus geführt zu werden, erwarteten die alten Nazis, mit denen ich vor 1933 bekannt war, ausnahmslos. Keiner von diesen Menschen wollte „alles ausrotten, was wir gemeiniglich unter dem Begriff der 'Nächstenliebe' zusammenzufassen pflegen." Auch hörte man damals nicht, daß Hitler sich dazu anheischig gemacht hätte. Damit hätte er auch nicht werben können. Mir selbst ist Nietzsche immer gefährlich erschienen, und Hitlers Bewunderung für ihn war mir nicht sympathisch. Aber wieviele theoretische Verehrer hat N[ietzsche] nicht gehabt, die in Wirklichkeit keiner Fliege ein Bein ausreißen konnten.

Auch sonst muß ich Sie auf einige Irrtümer und Anachronismen aufmerksam machen, sonst könnte es heißen: „qui tacet, consentire videtur" [„*Wer schweigt, scheint zuzustimmen.*"].

1.) Gleich nach der Machtergreifung im Januar 1933 habe ich mich noch nicht zum Eintritt in die Partei entschlossen. Ich war im Beamtenausschuß des Instituts und habe einem Nazi, der mich bat, mich für denselben wie-

derwählen zu lassen, gesagt, das werde die geringste Beun-
ruhigung geben. Ich fand wieder das Vertrauen der Kollegen. Meine Absicht war damals, aus der Partei herauszu-
bleiben. Erst im A p r i l wurde stark auf mich gedrückt.
Fülleborn war bereits „Sympathisierender" geworden, als
mir die Pistole auf die Brust gesetzt wurde, entweder das-
selbe zu werden oder P[artei]g[enosse]. Andernfalls würde
ich beim Wiederaufbau nicht beteiligt sein. Ich sah darin
die Drohung, durch Amtsentlassung die Möglichkeit weiterer wissenschaftlicher Arbeit zu verlieren. In den letzten
Apriltagen, ich glaube, es war der 29. oder 30., also gerade noch vor Parteischluß[494], gab ich nach. Ich war also
im Institut unter denen, die 1933 zur Partei gestoßen sind,
der Letzte. Bis zu diesem Augenblick habe ich auch nicht
mit dem Hitlergruß gegrüßt.

Warum wurde ich nun P[artei]g[enosse] und nicht Sympathisierender? Der Erfolg zeigte sich sofort. Gleich nach
meiner Rückkehr aus Mitteldeutschland Mitte Mai be-
sprach der Obmann *[NS-Vertrauensmann für die Be-
amten im Tropeninstitut]* Krüger[495] seine Angriffe auf Martin Mayer mit mir, während er vorher mich in seine Pläne
nicht eingeweiht hatte. Er verlangte dazu meine Unterstützung. Ich tat das Gegenteil in enger Fühlung mit Fülleborn, obgleich ich Mayer 3 mal Unkollegialität sehr übel
genommen hatte, und ich konnte damals noch diesen An-
griff parieren. Mayer hat mir persönlich dafür gedankt
und gesagt, wenn ich nicht für ihn eingetreten wäre, wäre
er entlassen worden. Mayer mußte erst 1935 weg, als ich
nicht in Hamburg war und Mühlens das Institut leitete.
Heute spricht aus einem Brief von Mayer wieder die alte
Unfreundlichkeit, und er will von nichts mehr etwas wissen. Sie haben mich 1933 oft mit Krüger und einem anderen P[artei]g[enossen] zusammen beobachtet. Um obige
drei Punkte ging es, und Sie wissen nun, was meine „aktiv-
ste Mitarbeit" war, solange Sie noch am Institut waren.

Oder hatten Sie noch anderes gemeint? Dann, bitte was? Aber Tatsachen, nicht bloße Urteile.

Die Folgen meiner Haltung in dieser Sache haben Sie nicht mehr erlebt, wie nämlich, kaum daß ich im August 1933 nach Rumänien abgereist war, ein Vorstoß gegen mich wegen angeblicher früherer Zugehörigkeit zur SPD gemacht wurde, offenbar mit dem Ziel meiner Amtsentlassung.

2.) Als Anachronismus erscheint es mir, wenn Sie von der ungeheuren Kluft sprechen, die uns damals sofort getrennt habe. Aus dem Vorhergehenden geht ja hervor, daß Sie selbst die Chronologie jener Zeit nicht mehr genau im Gedächtnis haben. Ich habe damals auch nichts davon bemerkt. Ich habe keine politischen Gespräche gesucht, weil ich längst die Erfahrung gemacht hatte, daß dabei meistens nichts als Verdruß herauskommt. Sie dagegen haben wiederholt die Dinge angesprochen. Ich erinnere mich noch genau, wie Sie mir einmal sagten, Sie seien stolz darauf, vier jüdische Großeltern zu haben, und ich habe mich über diesen Stolz gefreut und in den damals so häufigen Diskussionen über anständige Juden unter anderem auch an Sie gedacht und dies Ihr Wort wiederholt rühmend erwähnt.[496]

Jedenfalls habe ich bis zu Ihrer Abreise an Ihnen keine Änderung Ihrer Einstellung zu mir bemerkt, und die meinige Ihnen gegenüber war bis jetzt unverändert, wie Sie in Ihrem Brief ganz richtig darstellen. Daher habe ich auch Ihre Mitteilungen über Ihren Lebensweg und Ihre Arbeiten mit größter Anteilnahme gelesen, und Sie brauchen nicht im Mindesten zu fürchten, daß Sie zu ausführlich geschrieben hätten. Ich hätte gewünscht, von Ihnen selbst Besseres und von Ihrer Familie und Freundschaft weniger Furchtbares zu erfahren.

3.) Seite 2, Absatz 4 *[S. 98]* „verbot uns Hitler derartige Diskussionen"[497]. 1933 war von solchen Verboten nicht die Rede.

Gerade wo man auf alte P[artei]g[enossen] stieß, wurde viel und frei diskutiert, ohne Angst (Stellung der Frau, der Juden, positives Christentum usw.), und jeder nahm sich das Recht einer abweichenden Meinung. Disziplin wurde gefordert, nicht Knechtsgeist, Führertum, nicht Despotismus. Übrigens, Sie verweisen mich auf Schiller. Die Worte „Der Mensch ist frei geschaffen, ist frei und wär' er in Ketten geboren" kennen Sie doch? Ich habe meinen zweiten Konflikt, in dem man mich wieder aus dem Amt zu bringen wünschte, 1936 *[im Hygienemuseum Dresden]* gehabt[498], und den dritten, in dem dies zwar wieder mißglückt ist, ich mir aber eine Gehaltskürzung gefallen lassen mußte, 1943, damals weil ich Kritik, wenn auch nicht politische, geübt hatte. Das Urteil I. Instanz hielt mir meinen „Wahrheitsfanatismus" zugute. Schon das beweist den Irrtum, wenn jemand behaupten will, die Parteigenossen hätten darauf verzichtet, die Wahrheit zu sagen.

4.) Ein Anachronismus ist es auch, daß Hitler 1933 den Deutschen das Denken verboten habe. Die Parteiorthodoxie, die Bezeichnung von „Mein Kampf" als „Nazi-Bibel" traf ich erst ungefähr 1936. Seither hatte sich allerlei analog katholischen Kirchenlehren entwickelt. Die Erklärung zur Herde habe ich erstmalig 1939 am 1. Mai aus *Reichsstatthalter* Karl Kaufmanns Munde gehört: Die Führung sorge für die Massen, daß sie zu essen hätten, daß sie nette Wohnungen hätten, daß sie ihre Freiheit genießen könnten und daß geeignete unter ihren Kindern in die Führerschicht aufsteigen könnten, und die Massen schuldeten dafür nur Gehorsam und Vertrauen. Darüber habe ich damals gesagt, das sei kein Nationalsozialismus, überhaupt kein politischer, sondern ein Viehhalterstandpunkt.

5.) Sie sprechen von Folter und Prügeln in den KZ 1933. Ich erfuhr 1934 von einem daraus Entlassenen, daß sie sich selber die Schuhe und Betten machen mußten und Stubendienst hatten, mißhandelt oder unterernährt seien sie nicht. Gegenüber den blutigen Revolutionen eines Cromwell, Robespierre, Lenin schien ein Umbruch, der sich auf Sicherheitshaft von Personen, deren Wirksamkeit zeitweilig ausgeschaltet werden sollte[499], nicht das Grausamere. Todesstrafe wurde damals nur gegen die verhängt, die selbst an Mordtaten beteiligt gewesen waren, und über die auch nur durch Gerichte. Die spätere Entartung der Parteiführung und der KZ konnte man 1933 nicht voraussehen.

Die Grausamkeiten sind dem deutschen Volke so raffiniert verborgen, daß fast niemand, auch ich selbst nicht, bis zum Mai 1945 eine Ahnung von den Vorgängen hatte, die *[die]* Nürnberg*[er Prozesse gegen die Führungsschicht des Dritten Reiches]* und Ihr Brief enthüllen. Diese Geheimhaltung beweist wohl am besten, daß die Regierung trotz ihrer autoritären Stellung und ihrer Machtmittel sich vor dem Volke hätte fürchten müssen, wenn es bekannt geworden wäre. Und heute kann der Untergang zahlloser Deutscher durch Hunger ruhig bekannt werden, ohne daß die Regierungen der anderen Nationen die Volksstimmung fürchten müßten. Wer ist da der Schlechtere? Oder belügen sich die Ausländer, daß es außer den Emigranten und KZ-lern keine unschuldigen Deutschen geben kann? Dann wären sie es ja, die sich durch ewige Wiederholungen Unsinniges und Unmoralisches einreden lassen.

6.) Den Satz: „Recht ist, was Deutschland nützt" hat meiner Meinung nach Frank *[gemeint ist der Generalgouverneur des eroberten Polen Hans Frank (1900-1946)][500]* ebenfalls lange nach 1933 geprägt. Ich habe ihn lebhaft bedauert, weil ich voraussah, daß er im Ausland allgemein so verstanden würde, wie Sie ihn deuten.

Wie verschieden man Worte auffassen kann, lehrt Ihr erster Absatz auf S. 2 *[zur Wahrheit[501]]*. Ich kannte den Satz von Hitler, Wahrheit sei quantité négligeable, nicht. Seine Feststellung (übrigens nicht einmal Original!), daß der größte Unsinn geglaubt wird, wenn er nur immer wieder und von verschiedener Seite an die Leute herangebracht wird (bewiesen z.B. durch Hexenwahn oder Todesstrahlen usw.), führte ihn meiner Meinung nach zu der Forderung, daß auch das Richtige und Anständige, um sich einzuprägen, immer wiederholt werden müsse, eine Erfahrung, die man ja in der Kindererziehung tagtäglich macht. Der Entschluß der Deutschen, alle Lügen gern zu glauben, besteht nur in der Phantasie ihrer Feinde.

7.) Auch von Aufrüstung war zunächst nicht die Rede. Von Rache überhaupt nicht! Bis gegen den Herbst 1933 sprach Hitler für Abrüstung und erst, als er mit seiner Abrüstungsforderung nicht durchkam, trat Deutschland aus dem Völkerbund aus, der bei den japanischen Greueln in dem unglücklichen und wehrlosen China eine so traurige Rolle spielte.[502] Wenn im Winter 1933/34 davon gemunkelt wurde, daß die Arbeitsbeschaffungsgelder für Rüstungszwecke verbraucht würden, störte das allerdings kaum jemanden, eben wegen jener fernöstlichen Lehre, daß sich ein Volk nicht auf Pazifismus in der Welt verlassen kann, sondern besser ein gewisses Maß an Defensivkraft besitzt. So haben wir die Dinge damals gesehen. Nur von Frieden war damals die Rede, nicht von Kriegslüsternheit.

Nun, warum ich für Hitler gestimmt habe, wollen Sie wissen. Wirtschaftliche Depressionen hatten bisher jedesmal eine Stärkung des Kommunismus und Revolten, 1923 schon von erheblichem Ausmaße, gebracht. Seit 1930 trieb nun das Reich einer wirtschaftlichen und damit einer politischen Katastrophe zu. Die führenden innerpolitischen Mächte hatten demgegenüber nicht nur tatsächlich versagt, sondern im vertrauten Kreis alle zugegeben, daß sie keinen Weg sähen, das Unheil abzuwenden, und die Dinge daher treiben ließen. Hitler sei der Einzige, der behaupte, das Verhängnis bannen zu können. Auch ihm aber werde es nicht gelingen. Die Ursachen waren zu hohe Lasten aus dem Young-Plan[503], *[den der Vertrag von Lausan-*

ne 1932 wieder aufhob und gleichzeitig die deutsche Rest-schuld auf drei Milliarden Mark festlegte], steigende Wohl-fahrtsansprüche und sinkende Staatseinnahmen, beides infolge der Arbeitslosigkeit und der dauernd wachsenden Zahl wirtschaftlicher Zusammenbrüche. Die deutsche Wissenschaft wurde bezüglich ihrer Hilfskräfte, der Dotierungen und der Veröffentlichungsmöglichkeiten seit 1930 in steigendem Maße in Mitleidenschaft gezogen. Daß auf eine verstärkte kommunistische Erhebung, wie sie so unvermeidlich schien, der Bürgerkrieg und auf ihn die Einmischung des Auslandes und eine ungeheure Katastrophe für die rund 60 Millionen Deutschen, einschließlich der 600 000 Juden, folgen mußte, war klar! Über ihr Aussehen *[wohl bezogen auf die kommunistische Erhebung]* hatten mich Unterhaltungen in Rußland über den russischen Bürgerkrieg ausreichend belehrt. Es schien mir damals selbstverständlich, daß man Hitler die Gelegenheit geben müsse zu zeigen, was er könne, um das zu vermeiden.

Daß man in Hitlers Programm so wenig wie in allen anderen Parteiprogrammen alle Dinge richtig fand, ist ebenfalls selbstverständlich, und bezüglich des Antisemitismus hatte es in Deutschland immer wieder geheißen: „Hunde, die bellen, beißen nicht." Jedenfalls schienen sie mir von der drohenden Anarchie und dem Bürgerkrieg sehr viel mehr gefährdet als von der NSDAP. Hätte jemand 1933 vorausgesagt, was nachher die Kriegsjahre an Furchtbarem gebracht haben, so hätte man es damals mit den Worten: „So etwas ist ja unmöglich" abgetan.

Ich verstehe sehr wohl, wie solche Irrtümer wie in Ihrem Brief in der außerdeutschen Welt unter einer gewissen seelischen Zwangslage entstehen, um nicht über das erröten zu müssen, was heute in Deutschland geschieht. Denn, wenn irgendwo Unschuldige gemordet sind, straft man die Täter, und bessert man die Welt, wenn man selbst Unschuldige verhungern läßt?

Sie fragen nach Herrn Vogel, nach Frau Fülleborn und Oesterlin. Vogel arbeitet fleißig am Institut und ist wohl dessen bester Mann. Ich habe erst kürzlich einen D[oktor] der Zoologie, der auch medizinisch doktorieren wollte, an ihn verwiesen. Frau Fülleborn suchte ich vorsichtshalber auf, weil es schon Monate her ist, als ich sie zuletzt recht blühend gesehen habe. Leider war sie schwer abgemagert und hatte auch um ihre Schwester und ihre Nichte größte Sorge. Bei den heutigen deutschen Verhältnissen, wo wir bereits staatlicherseits an den schwarzen Markt verwiesen werden, kommt sie mit der kleinen Pension nicht mehr durch. Ich soll Ihnen von beiden Grüße bestellen. Oesterlin ist 1937 zur Partei gegangen, er ist dann 1940 vom Institut fortgegangen. Jetzt soll er bei Schering sein.[504]

Um meine Kinder brauchen Sie sich keine Sorgen zu machen. Auf Grund ernster eigener Kindheitserfahrungen habe ich ihnen in der Zeit, als sie noch an den Weihnachtsmann glaubten, alle religiösen und politischen Dinge ferngehalten, mit dem Erfolg, daß mein Junge jetzt, wo er in der Schule an biblische Geschichte herankommt, viel Freude am Unterricht hat. Meine eigene Einstellung zu verstehen, hat für ihn noch lange Zeit. Sie wissen übrigens, ich habe auch von keinem meiner Mitarbeiter verlangt, sich meinen Meinungen anzuschließen. Ich habe sie dargelegt und gesagt: „Nun entscheiden Sie sich, wie Sie den Absatz fassen wollen."

Dr. E. Martini[505]

*

Was mag Otto Hecht empfunden haben, als er die Ausführungen seines früher so verehrten Lehrers las? Martini, bereits 1933 „als Letzter im Institut" der NSDAP beigetreten, sprach ihm die Objektivität und das Urteilsvermögen als Leidtragenden des Naziregimes ab, das ihn aus Deutschland vertrieben und seine Eltern ermordet hatte. Dafür dachte Martini bei „den damals so häufigen Diskussionen über anständige Juden" „unter anderem" auch an Hecht, aber machte gleichzeitig „die Taten einiger Juden" verantwortlich für den Antisemitismus „zahlloser, unkritisch verallgemeinernder Deutscher", getreu dem Motto: Nicht die Mörder, sondern die Ermordeten sind schuld. Martini wußte wie viele seiner deutschen Zeitgenossen angeblich nichts von den Verbrechen der Nazidiktatur. Die Entlassung seines jüdischen Assistenten Otto Hecht und drei weiterer Mitarbeiter des Tropeninstituts, die Vertreibung von wenigstens 93 anderer Wissenschaftler der Hamburger Universität[506] sowie die Untaten der Reichspogromnacht mögen ihm vielleicht nicht gefallen haben, wie Hecht ironisch anmerkte, waren aber unschöne Kleinigkeiten, wenn es um Größeres ging.[507] Die Ungeheuerlichkeit, daß die Nationalsozialisten einem Volk das Recht auf Leben absprachen, ging Martini nicht auf. Seine Behauptung, er habe vor 1945 als Sanitätsoffizier des Heeres nichts von den Massentötungen hinter der Ostfront durch Waffen-SS und Wehrmacht sowie in den Konzentrationslagern gewußt, ist unglaubhaft, weil Wehrmachtsangehörige, die aus dem Osten kamen, von solchen Verbrechen berichteten, wenn auch hinter vorgehaltener Hand. Martini ignorierte bei seiner Klage über den Hunger im Nachkriegsdeutschland, daß damals in allen europäischen Ländern, die Hitler mit Krieg überzog, also auch bei den Siegerstaaten Not herrschte. – Otto Hecht hat auf den Brief Martinis nicht mehr geantwortet.

Obgleich Martini bei Martin Mayer und Otto Hecht auf heftige Ablehnung stieß, bewarb er sich „offenbar aus Trotz just in Mexiko-Stadt und Caracas".[508] Mayer, der in der Shoah vierzehn Familienangehörige verloren hatte,[509] gelang es durch eine persönliche Intervention, die

Berufung nach Caracas zu verhindern und schrieb: „Daß Martini die Frechheit hatte, trotz – oder vielleicht gerade wegen meines Briefes in echter Nazi-Psychologie – sich hier und in Mexiko (wo Hecht ist) zu bewerben, ist der Gipfel ... Aber das Schwein hier zu haben, nachdem die Nazis, denen er als politischer Leiter angehörte, alle meine Angehörigen ermordeten, wäre ein tödlicher Schlag für uns."[510]

Im Februar 1949, zwei Jahre nach seinem letzten Brief an Otto Hecht, stufte eine Berufungskammer zur Entnazifizierung Martini nicht mehr als Mitläufer, sondern als Entlasteten ein, da er sich „auch politisch stets anständig und zurückhaltend"[511] verhalten habe. So steht Erich Martini als Beispiel dafür, daß fünf Jahre nach Kriegsende praktisch alle einstigen Nationalsozialisten freigesprochen wurden und daß die Entnazifizierung, gedacht als größte politische Säuberungsaktion der Geschichte, in eine gigantische Rehabilitierung mündete.[512]

Martini widmete sich nun wieder ganz seiner wissenschaftlichen Arbeit. Als pensionierter Abteilungsvorsteher verfügte er über ein Dienstzimmer im Tropeninstitut. Er überarbeitete seine Bücher aus den 1920er und 1930er Jahren und gab sie neu heraus[513], darunter in 4. Auflage das „Lehrbuch der medizinischen Entomologie"[514], das damals zur internationalen Standardliteratur gehörte.[515] Martini war ein hervorragender Epidemiologe, dessen wissenschaftliche Konzeption in zwei seiner Buchtitel anklingt: „Wege der Seuchen: Lebensgemeinschaft, Kultur, Boden und Klima als Grundlagen von Epidemien" (1936; erweiterte Auflage 1955) und „Seuchen im Menschen: Mensch, Tier und Pflanze im Kampf und Ausgleich mit ihren Parasiten", sein letztes Buch (1959).

Erich Martini starb am 5. Dezember 1960. Ein Unfall mit der Straßenbahn riß ihn mit achtzig Jahren bei guter Gesundheit aus der Arbeit. Die 5. Auflage seines Lehrbuches konnte er nicht mehr vollenden.[516]

Wer war Erich Martini? Zweifellos ein „großer Zoologe und Begründer ... der medizinischen Entomologie in Deutschland".[517] Fritz Peus (1904-1978) betonte ebenso wie Otto Hecht schon 1933 das umfassende Wissen des Entomologen Martini[518] und erwähnte seine Herzensgüte und Hilfsbereitschaft verbunden mit Härte und unerbittlicher Selbstdisziplin;[519] ähnlich schrieb Hecht 1946 über seine sechsjährige Assistentenzeit.[520] Damit aber enden die Gemeinsamkeiten von Hecht und Peus in der Einschätzung von Martini, über dessen Vergangenheit als aktiver Nationalsozialist Peus kein Wort verliert.

Fast ein halbes Jahrhundert später erscheint Martini als der Typ des intelligenten, fleißigen, zielstrebig forschenden, moralischen, im engeren Kreis auch herzensguten und hilfsbereiten Mannes, der aber kein Demokrat war. Für diesen Mangel, der ihn für nationalsozialistische Ideen anfällig machte, gibt es folgende Erklärungen: die Herkunft aus dem Haus eines hohen Juristen, die Gymnasialzeit im jungen Kaiserreich, das auf die Kriegsbegeisterung folgende Trauma des verlorenen Ersten Weltkrieges, der Niedergang der Weimarer Republik, die letztlich jedoch an ihren vielen Nicht-Demokraten scheiterte. Nicht zu begreifen hingegen ist, daß ein derart begabter Mensch seine Augen verschloß vor dem Unrecht, das in seiner unmittelbaren Nähe mit der Vertreibung seines jüdischen Assistenten Hecht begann und in Krieg und Massenmord endete. Nicht hinzunehmen ist, daß er sich bis zum bitteren Ende nicht von der für so viel Unrecht verantwortlichen Nazidiktatur abwandte.

Heute wirkt es absurd, daß Martini selbst nach dem Zusammenbruch des „Dritten Reiches" nicht verstand bzw. verstehen wollte, warum der Nationalsozialismus in die Katastrophe führen mußte, und daß er jede Mitschuld daran von sich wies. Ob er diese „zwischen Verharmlosung, Verdrängung, Selbstmitleid und Selbstrechtfertigung so-

wie Anklage der Anderen schwankende Position"[521] zeitlebens beibehielt oder ob er sie unter dem Eindruck der sich
in der Bundesrepublik entwickelnden Demokratie änderte,
weiß man nicht. Martinis Auffassung vom „Dritten Reich"
und seine Stellung zum eigenen Verhalten in der Nazidiktatur waren in den Nachkriegsjahren typisch für manche
noch im Kaiserreich geborene Deutsche. Daher besitzt der
Briefwechsel zwischen den beiden Entomologen des Tropeninstituts über Hamburg hinaus exemplarische Bedeutung.[522] Ähnliches gilt auch für das Leben Erich Martinis,
dessen letzte Jahre deshalb im Anschluß an den Briefwechsel geschildert worden sind.

Jahre in Mexiko

Wir haben 1933 eine Heimat verloren ...
(nicht, weil wir in anderen Ländern leben mußten),
sondern durch das, in was sich die alte Heimat zu
wandeln begann.

Otto Hecht, 1946

Da wir ja nun nirgends mehr dazu gehören,
fühlen wir uns ganz als „citizen of the world".

Rose Hecht, 1947

In der DDT-Industrie und das Leben in Mexiko

Seit seiner Ankunft in Mexiko im Sommer 1945 arbeitete Otto Hecht neun Jahre lang als Entomologe in der Industrie[523] und befaßte sich mit Insektiziden. In Laborversuchen und im Freiland testete er die Anwendung und Wirkung von DDT[524] gegen Schadinsekten beim Getreideanbau, auf Obstplantagen und in der Viehzucht, im letzten Jahr auch gegen Forstschädlinge. Dabei gewann er umfassende Kenntnisse über die zahlreichen landwirtschaftlichen Schadinsekten in den unterschiedlichen Klimazonen Mexikos.[525] Organisation und Werbung beim Ausbau des Insektizidgeschäfts kosteten ihn viel Zeit.[526] Auch Rose Hecht war nachmittags in der Firma tätig, um die Haushaltskasse aufzubessern. Sie fertigte Insektenzeichnungen für Werbeschriften an, die ihr Mann verfaßte. Beide genossen ihre Zusammenarbeit, bedauerten aber auch, daß sie sich von der Wissenschaft entfernten. „Welch' armselige Publikationstätigkeit", stöhnte Otto Hecht, der in der Industrie „keinen idealen Job" fand, weshalb er sich „wie schon seit 14 Jahren" vergeblich um eine andere Tätigkeit bemühte.[527]

Die Hechts wollten auf Dauer nicht in einem Apartmenthaus unter vielen Menschen leben und mieteten ein kleines, für ihre Verhältnisse eigentlich zu teures Haus am Stadtrand, verzichteten aber dafür auf andere Dinge. Rose Hecht richtete das neue Heim gemütlich ein, mit billigen, von ihr selbst bunt bemalten Möbeln vom Markt, farbigen Stoffen, Blumentöpfen und Bildern aus früheren Zeiten, die sie während der Reisen in die Kofferdeckel geklebt hatte.[528] Otto und Rose Hecht sprachen nur bei der Arbeit Spanisch, beim Einkaufen oder wo es sonst außer Haus notwendig war. Ihre zweite Hauptsprache war Englisch geworden, wie Otto 1947 der Freundin Magda Rieper nach Hamburg schrieb, ohne das Deutsche zu erwähnen.[529] Mit gleicher Post gab Rose ihrem Gefühl der Heimatlosigkeit und dem Schmerz über ihr Dasein in kultureller Randlage[530] Ausdruck: „Da wir ja nun nirgends mehr dazu gehören, fühlen wir uns ganz als 'citizen of the world'."[531]

Trotz Besserung ihrer finanziellen Lage[532] fühlten sich Otto und Rose Hecht in Mexiko nicht heimisch, was sich aus seiner Aussage schließen läßt, Sohn Rudolph sei ein „perfekter Spanier" geworden[533] – und nicht ein Mexikaner. Die Eltern vermißten gesellschaftliche Kontakte. Die Stadt galt als Tummelplatz für Abenteurer und Glücksritter aus aller Welt, besaß ein phantastisches Nachtleben und luxuriöse Badeorte. Unermeßlicher Reichtum und unvorstellbare Armut lagen dicht beieinander, die Korruption war allgegenwärtig. „Der Begriff Moral klingt wie ein Märchen aus Kindertagen," schrieb Rose Hecht, die ihre zwei Söhne zu anständigen Menschen erziehen wollte.[534] Der jüngere, Fritz oder Gawriel, wie er sich nannte, war das

Sorgenkind seiner Eltern[535], da er infolge einer Geburts-
verletzung geistig zurückblieb.[536] Der ältere, Rudolph, hingegen fühlte sich in Mexiko wohl, sprach fließend Spanisch und gewann schnell Freunde. Seit 1946 studierte er
an der Universität von Mexiko-Stadt Naturwissenschaften, wo er 1948 auch sein Medizinstudium begann. Nach
dem erfolgreichen Abschluß 1954 wanderte er in die USA
aus.[537]

Forscher und Lehrer

Infolge der Emigration war Otto Hecht auf vielen Gebieten tätig. Überall fand er eine ihm zunächst neue Insektenfauna vor, jedesmal mußte er andere, oft nur unvollkom-
men gelöste oder vorzeitig abgebrochene Aufgaben über-
nehmen. Durch den häufigen Wechsel sah und lernte er jedoch „unendlich viel" und bedauerte, daß er sein Wissen
nicht im Unterricht weitergeben konnte. Auch zum Veröffentlichen fehlte ihm in „schändlicher Weise" die Zeit.[538]
    Endlich, nach fast vier Jahren in Mexiko, wurde Otto
Hecht 1949 Professor der angewandten Entomologie an
der Biologieschule der Nationalen Technischen Hochschule[539], wo er landwirtschaftliche Entomologie lehrte[540] und
sich ihm die Gelegenheit bot, wieder wissenschaftlich zu
arbeiten und zu publizieren.[541] Seit 1955 hielt er außerdem
einen Kurs zur Biologie von Waldinsekten und zur Insek-
tenbekämpfung in der Forstwirtschaft an der Nationalen
Landwirtschaftsschule[542] in Chapingo.[543]
    Gerade als sich die äußeren Verhältnisse der Familie
besserten, erkrankte Rose Hecht an Krebs. Nach langem
Leiden starb sie am 20. September 1955 im Alter von 62
Jahren.[544] Während der schwierigen Zeit der Emigration

hatte sie „Unendliches geleistet und ungeheuer schwer gearbeitet". Dabei bewahrte sie ein waches Interesse für ihre Umgebung und die Menschen, zu denen sie schnell Kontakt fand.[545] Nun durfte sie den Lohn ihrer Mühen nicht mehr erleben.

Seit Januar 1956 leitete Otto Hecht vier Jahre lang die entomologische Forschungsabteilung der Nationalen Kommission zur Bekämpfung der Malaria in Mexiko.[546] Seine zahlreichen Freilandversuche über die Lebensgewohnheiten erwachsener Malariamücken trugen maßgeblich zum Erfolg der Anti-Malaria-Kampagne bei.[547] Seine Mitarbeiter[548] und er entwarfen und überprüften mit großem Einfallsreichtum Geräte, die es ihnen zu messen erlaubten, ob und wie ein Insektizid das Verhalten der Malariamücken ändert oder ihre Abwehr verstärkt.[549] Dabei bewies Hecht wiederum seine Begabung für scharfsinnige Versuchsanordnungen. Endlich hatte er seinen „idealen Job" gefunden.

Im November 1956 heiratete er die in Wien geborene Maria Epler (1898-1989). Ihre Familie kannte Henry Morgenthau jun. (1891-1974), von 1933 bis 1945 amerikanischer Finanzminister unter Franklin D. Roosevelt (1882-1945). Er verschaffte ihr eine Stellung in Amerika.[550] 1960 wurde Hecht Professor der allgemeinen und medizinischen Entomologie an der Nationalen Technischen Hochschule in Mexiko[551], wo er mit anderen Wissenschaftlern zusammen forschte,[552] seine früheren Arbeiten fortsetzte und sich mit den Licht- und Farbempfindungen von Fliegen und Mücken befaßte.[553] Zudem nahm er sein altes Thema der Endosymbiose von Bakterien in Insekten wieder auf[554] und schrieb allgemeinere insektenkundliche Artikel.[555]

Wandel in der Einstellung zu Deutschland

Der Deutsche Bundestag verabschiedete im Jahr 1953 das Bundesentschädigungsgesetz (BEG)[556] zur Regelung von Leistungen an rassisch, religiös und politisch Verfolgte für die an Leben, Gesundheit, Freiheit und beruflichem Fortkommen erlittenen Schäden. Der dafür allgemein verwendete Begriff „Wiedergutmachung" führt irre, weil niemand Schäden durch Verfolgung, Beraubung, Versklavung, durch Freiheitsentzug und Ermordung in der Nazidiktatur wieder gut machen kann.[557] Im Rahmen des Bundesentschädigungsgesetzes erhielt Otto Hecht 1956 rückwirkend ab 1. April 1951 die Rechtsstellung eines Abteilungsvorstehers a.D. am Hamburger Tropeninstitut, zudem wurde ihm die Zeit seit seiner Entlassung im Juli 1933 als ruhegehaltsfähig angerechnet.[558] So bezog er ab seinem 65. Geburtstag im Jahr 1965 eine Pension aus Hamburg.[559]

In den ersten Jahren nach dem Krieg waren die Hechts Deutschland gegenüber negativ eingestellt. Wie Otto Hecht es ausdrückte, hatten sie ihre deutsche Heimat nicht durch das Leben in anderen Ländern verloren, sondern durch das, was sich in Hamburg und Deutschland zu wandeln begann.[560] Sie mögen ähnlich empfunden haben wie der Religionsphilosoph Gershom Scholem, dessen Bruder, den ehemaligen KPD-Reichstagsabgeordneten Werner Scholem[561] (1895-1940), die Nazis in Buchenwald ermordeten. Scholem wandte sich 1962 von Jerusalem aus „wider den Mythos vom deutsch-jüdischen Gespräch"[562] und bezweifelte, daß es jemals „ein deutsch-jüdisches Gespräch als historisches Phänomen" gegeben habe, „das sich auf die Auseinandersetzung zwischen Deutschen und Juden in den letzten 200 Jahren anwenden läßt." Ende 1981 kam Scholem als „Fellow" des Wissenschaftskollegs zu Berlin für einige Monate in seine Heimatstadt zurück.[563]

Otto und Rose Hecht bemühten sich gleich nach Kriegsende um Verbindung zu ihren wenigen echten deutschen Freunden. Ihre Briefe offenbaren ihr Verständnis für die „gewiß ständige Furcht [der anständig Gebliebenen], doch noch gepackt zu werden." Und sie drückten ihr Mitgefühl darüber aus, daß auch die Aufrechten unter den Greueln der Nazidiktatur und der Verwüstung Europas so unverdient und hart leiden mußten.[564] Später kehrte Otto Hecht mehrfach als Besucher in seine frühere Heimat zurück. Ende August 1960 nahm er am XI. Internationalen Kongreß für Entomologie in Wien teil[565] und hielt einen Vortrag auf Englisch.[566] Sein ehemaliger Lehrer Erich Martini besuchte den Kongreß ebenfalls. Auch Fritz Zumpt, nach 1934 Martinis als „alter Kämpfer" wenig geschätzter Assistent[567], kam aus Südafrika und hielt zwei Vorträge.[568] Persönliche Kontakte zwischen Hecht, Martini und Zumpt sind nicht überliefert und – zumindest was Martini betrifft – eher unwahrscheinlich.[569] Von Wien aus reiste Hecht erstmals wieder nach Hamburg und besuchte das Tropeninstitut, wo er in der Bibliothek arbeitete[570], was er bis 1972 mehrfach tat.[571] Ob er bei diesem Aufenthalt Martini begegnete, der bis zu seinem Tod im Dezember 1960 ein Arbeitszimmer im Institut hatte, ist nicht bekannt.[572] Mit Sicherheit sah er jedoch den aufrichtigen Hans Vogel, von 1963 bis 1968 Direktor des Hamburger Tropeninstituts, sowie die treue Freundin Magda Rieper.

Krankheit und Tod

Im Juni 1970 fühlte Otto Hecht sich mit über siebzig Jahren noch voll arbeitsfähig,[573] setzte mit unvermindertem Eifer seine Forschungen fort und hielt gut vorbereitete Vorlesungen. Im Januar 1973 erkrankte er jedoch mit den Symptomen eines Hirntumors und fiel nach einer Operation ins Koma.[574] Otto Hecht starb am 17. November 1973 im Alter von 74 Jahren.

In den vierzehn Jahren als Professor der allgemeinen und medizinischen Entomologie gewann er viele Freunde und erwarb sich durch seine wissenschaftliche Arbeit und seine Vorlesungen die Hochachtung seiner Kollegen und Studenten.[575]

Am Ende bleibt die Bewunderung für Otto und Rose Hecht. In Not und Gefahr gaben sie ihren beiden Söhnen Geborgenheit. Mit Haltung ertrugen sie häufige größere und kleinere Miseren. Gleichwohl bewahrten sie sich offene Augen für die Schönheiten der Welt. Schwer wog der Verlust der Heimat, auch der Muttersprache, denn zeitlebens fanden sie keine neue.

Otto Hechts Briefe, stets menschlich, vornehm und teilnehmend, und seine wissenschaftlichen Arbeiten, klug, kritisch und interessant, sind beeindruckend. Sein Bekenntnis zur Demokratie und zum Pazifismus ist klar und verantwortungsbewußt. Scharf zeichnete er den moralischen Verfall im Dritten Reich. Seine Trauer über die vielen ermordeten lieben Menschen ist ehrlich, sein Abscheu vor den Tätern ist menschlich. Aber er und seine Frau sorgten sich auch um die wenigen aufrechten Menschen, die in der Not treu blieben, und sie versuchten zu helfen. Die Schicksale der Familie Otto Hecht und ihrer Verwandten während der Shoah mahnen uns, nie die Menschlichkeit aus dem Auge zu verlieren und stets jeder Unmenschlichkeit entschieden entgegenzutreten.

Anmerkungen

1 Kalthoff, H. (2001), S. 188 f.

2 Hecht, O. (1928)

3 Hering, R. (1998), S. 222 f.

4 Brahm, F. (2002, 2004)

5 Hering, R. (1998)

6 Hecht, O. (1938, 1946a, 1947); Hecht, R. (1947)

7 Hecht, R.C. (2000)

8 Dr. Hecht und seine Frau Ilse, geborene Heilbronn, kamen mit ihrer jüngsten Tochter Anita Hecht, freiberufliche Interviewerin in Madison, Wisconsin, USA, nach Berlin.

9 Hecht, R.C. (2004)

10 Pick, E. (2004)

11 Garms, R. (2004)

12 www.lkan-elkb.de/body_kirchenbuecher.htm; www.shalomeuropa.de/s_g_ge_09.html; www.synagogenprojekt.de/Projekt/Orte/orte.html; htttp://sites.huji.ac.il/aexgives/GERMANY-LISTS/Schweinfurt-DR.htm, Zugriffe 21.2.2004

13 Nach dem Zweiten Weltkrieg siedelten Familien von Wehrmachtsangehörigen, Landwirte aus den ehemaligen deutschen Ostgebieten und einige frühere Bewohner in Bonnland. Als die Bundeswehr 1956 Bonnland übernahm, wurde die Bevölkerung erneut „abgesiedelt". www.grenadiertruppe.de/bon.html, Zugriff 21.2.2004

14 Hecht, R.C. (2000)

15 Burger, M. (2001)

16 Conrad Dietrich Magirus (1824-1895) konstruierte Feuerleitern und reorganisierte die freiwilligen Feuerwehren.

17 Brockhaus (1908), Bd. 16, S. 49

18 Dr. med. Paul L. Hecht (1894-1980)

19 Anneliese Geschmay, geborene Hecht (*ca. 1901)

20 Hecht, R.C. (2000)

21 Hecht, O. (1946a)

22 Die Olgastraße hieß im „Dritten Reich" Adolf-Hitler-Ring. Einstein, A.J. in: Stadtarchiv Ulm (1991), S. 171

23 Hecht, R.C. (2000)

24 Hecht, O. (1946a)

25 Burger, M. (2001)

26 Brockhaus (1908), Bd. 16, S. 49

27 „Junge Leute von Bildung, welche sich während ihrer Dienstzeit selbst bekleiden, ausrüsten und verpflegen, ... werden schon nach einjähriger Dienstzeit zur Reserve beurlaubt ... Sie können nach ... Fähigkeiten und Leistungen zu Offiziersstellen der Reserve oder der Landwehr vorgeschlagen werden." (Gesetz betr. Verpflichtung zum Kriegsdienste vom 9.1.1867). „Mediziner dienen ... $1/2$ Jahr mit der Waffe, und falls sie zu Gefreiten befördert werden, das 2. Halbjahr als Unterarzt." Brockhaus (1908), Bd. 5, S. 718 f.

28 Sieg, U. (2001), S. 37

29 Brockhaus (1908), Bd. 16, S. 49; Bd. 12, S. 299

30 Die 1873 im orientalischen Stil fertiggestellte Ulmer Synagoge wurde 1929, da die Gemeinde sie als zu „fremdländisch" empfand, neoklassizistisch umgebaut, am 9. November 1938 von den Nazis in Brand gesetzt und später abgerissen. Stadtarchiv Ulm (1991), S. 214, 223, 251 f., Abb. 54, 70, Kat.-Nr. 115, 117, 118

31 Giesecke, Hermann (1981), S. 211

32 Neuendorf, E. (1914)

33 Hecht, O. (1970c)

34 „Ich kenne keine Parteien mehr, ich kenne nur noch Deutsche." Kaiser Wilhelm II., 16.8.1914

35 Christian Käselau: Der Kartell-Convent der Tendenzverbindungen deutscher Studenten jüdischen Glaubens als ein Beispiel für jüdische Korporationsverbände im Deutschen Kaiserreich und in der Weimarer Republik 6.7 Der KC im Ersten Weltkrieg, www.fachpubli kationen.de/dokumente/01/06/01029.html, Zugriff 16.3.2004

36 Jüdisches Museum Frankfurt/Main, www.juedischesmuseum.de/ materialien/orientierungshilfe08.html, Zugriff 16.3.2004

37 „die jüdische rundschau" – Allgemeine Jüdische Zeitung (Berlin), 19 (1914), Nr. 32

38 Sieg, U. (2001), S. 56 f.

39 Ebenda, S. 59 f., 323

40 Ebenda, S. 160 f.

41 Gustav Landauer, Schriftsteller, Kritiker und Revolutionär, wichtiger Theoretiker des deutschen Anarchismus im Kaiserreich. 1870 als Sohn jüdischer Eltern in Karlsruhe geboren, studierte Philologie und Philosophie. 1892 Mitbegründer und Redaktionsmitglied der liberal-sozialistischen „Neuen freien Volksbühne", wegen seiner Stellungnahmen mehrfache Gefängnisstrafen. In der Arbeiterbewegung fand sein geistes-revolutionärer Anarchismus wenig Anklang. 1907 erschien sein Buch „Die Revolution". 1908 Gründung des „Sozialistischen Bundes unabhängiger Sozialisten und Anarchisten" mit dem jüdischen Religionsphilosophen Martin Buber (1878-1965) und dem Schriftsteller Erich Mühsam (1878-1934), 1909-1915 Herausgeber von dessen Zeitschrift „Der Sozialist". Vor dem Ersten Weltkrieg Agitation gegen das Wettrüsten. 1914 Gründung des übernationalen sogenannten Forte-Kreises „geistiger" Europäer zur Förderung der Völkerverständigung zusammen mit Martin Buber, dem französischen Schriftsteller Romain Rolland (1866-1944) u.a. 1918 in der Münchener Räterepublik Mitglied des Zentralarbeiterrates, April 1919 Volksbeauftragter für Volksaufklärung. Nach Niederschlagung der Räterepublik Verhaftung, 1919 von Freikorpssoldaten im Gefängnis ermordet. Haag, Jaap (1990), Inventar des Teilnachlasses und der Kollektion Gustav Landauer (1870-1919), Internationales Institut fur Sozialgeschichte, Amsterdam.

42 Ernst Bloch, wichtigster deutscher Philosoph des 20. Jahrhunderts. 1885 als Sohn jüdischer Eltern in Ludwigshafen am Rhein geboren, studierte Philosophie, Physik, Germanistik, Musik. Nach der Promotion Privatlehrer, Publizist, wandte sich gegen die deutsche Kriegspolitik. 1917-1919 als Pazifist nach Bern emigriert. Nach seiner Rückkehr KPD-Mitglied, freier Autor in Berlin mit engen Kontakten zu Theodor W. Adorno, Walter Benjamin u.a. Offene

Stellungnahme gegen die NSDAP, 1933 Ausbürgerung durch die Nazis. Emigration über die Schweiz, Paris, Tschechoslowakei in die USA. Dort 1944 mit anderen deutschen Emigranten Gründung des Aurora-Verlages. 1948 als überzeugter Marxist an der Universität Leipzig, 1957 wegen seiner Kritik an der DDR und an der Niederschlagung des Ungarnaufstandes zwangsemeritiert. 1954-1959 erschien „Das Prinzip Hoffnung" (3 Bände). Nach dem Mauerbau 1961 Professor der Philosophie in Tübingen. Bloch gilt als eine Leitfigur der 1968er Studentenbewegung. Deutsches Historisches Museum (2004)

43 Sieg, U. (2001), S. 156, 289 f.

44 Gershom [Gerhard] Scholem stammte aus einem jüdischen, assimilierten Elternhaus im Berliner Fischerkiez, studierte Philosophie, orientalische Sprachen und Religionsgeschichte, Dissertation über eine kabbalistische Schrift. In Berlin Bekanntschaft mit Walter Benjamin. Scholem glaubte nicht an eine deutsch-jüdische Symbiose und sympathisierte mit dem Zionismus. 1923 Auswanderung nach Palästina, Bibliothekar in Jerusalem. Bei Gründung der Hebräischen Universität Dozent, 1941 Professor der jüdischen Mystik und Kabbala. Seit 1955 gab er zusammen mit Theodor W. Adorno (1903-1968) die Schriften seines Freundes Walter Benjamin heraus.

45 Sieg, U. (2001), S. 156

46 Im Gegensatz zu U. Sieg (Ebenda, S. 289), wonach Benjamin „zu den vielen Kriegsfreiwilligen [gehörte], die der gesellschaftliche Druck zur Einschreibung veranlaßt hatte", setzte Benjamin nach K.-G. Wesseling (2002) sein Studium der Philosophie „vom Wintersemester 1913/14 bis Sommersemester 1915 ... in Berlin", im Wintersemester 1915/16 in München fort.

47 Das Werk des Lyrikers C. Friedrich [Fritz] Heinle ist verschollen. Walter Benjamin, der Heinle 1912 als Student in Freiburg kennenlernte, versuchte vergeblich, die Arbeiten seines Freundes Heinle posthum zu veröffentlichen. Wesseling, K.-G. (2002)

48 Scholem schickte einen kriegskritischen Brief an die „Jüdische Rundschau".

49 Scholem leistete von Juni bis Juli 1917 Militärdienst in Jena.

50 Sieg, U. (2001), S. 59, 158 f.

51 Sparr, Thomas (1997), Jüdische Gegen-Geschichte. Kontinuitäten im Leben und Werk Gershom Scholems. In: Neue Zürcher Zeitung, 29./30.11.1997

52 Hecht, R.C. (2000)

53 Zwischen 1885 und 1910 wurde nicht einer der 20-30 000 jüdischen Einjährig-Freiwilligen (vergl. Anm. 27) Reserveoffizier. Sieg. U. (2001), S. 29 f.

54 Hecht, R.C. (2004)

55 Wassermann, J. (1921), S. 38 f.

56 Dieser Absatz teilweise nach Purucker, D. (2000a, b)

57 Hecht, O. (1958)

58 „Embryonalentwicklung und Symbiose bei Camponotus ligniperda", siehe Hecht, O. (1924)

59 Sauer, Christina/Dudaczek, Dieter/Hölldobler, Bert/Gross, Roy (2002), Tissue Localization of the Endosymbiotic Bacterium „Candidatus Blochmannia floridanus" in Adults and Larvae of the Carpenter Ant Camponotus floridanus. In: Applied and Environmental Microbiology, 68: 4187-4193

60 Hecht, O. (1958)

61 Homann, U. (2000) – 1905 gab es in Landsberg/W. unter 36934 Einwohnern 479 Israeliten. Brockhaus (1908), Bd. 10, S. 926

62 Ebenda, Bd. 10, S. 925 f.

63 Hecht, R.C. (2000)

64 Ders. (2004)

65 Nach ihm heißt Otto Hechts ältester Sohn Rudolph Caro. Ders. (2000)

66 Vandsburg, etwa 150 km nordöstlich von Landsberg/W. hatte 1885 1783 Einwohner, davon 181 Juden. Rademacher, Michael: www.literad.de/geschichte/flatow.html, Zugriff 18.6.2004

67 Die Familie von Dr. Caro wohnte in Landsberg/W., Bismarckstr. 29. Pick, E. (2004)

68 Der Verfasser dankt Herrn Oberstudienrat i.R. Erich Pick für seine ausführlichen Hinweise zur Familie Pick: Bendix Nachum Pick ließ 1803 sein Ansetzungsrecht (Aufenthaltsrecht, vgl. Anm. 291) nach

Landsberg/W. transferieren, um Susette Boas zu heiraten. Nach dem frühen Tod seines Bruders Heyman Nachum Pick nahm er 1816 dessen vierjährigen Sohn Naumann Heimann Pick (1812-1895) aus Treuenbritzen bei sich in Landsberg/ W. auf. Dieser heiratete 1837 Recha Loewe (1818-1873) und wohnte mit seiner Familie im eigenen Haus Wasserstr. 7 [Adreßbuch Landsberg/Warthe (1863)]. Das Älteste seiner sieben Kinder, Hermann Pick, wurde 1839 geboren. Pick, E. (2004)

69 Ebenda

70 Die Familie Schoenflies stiftete den Schoenflies-Park der Landsberger Parkanlagen. Ebenda

71 Landsberg/W., Richtstr. 5. Adreßbuch Landsberg/Warthe (1863)

72 Nach der von Moritz Schoenflies 1875 aufgezeichneten Familiengeschichte. In: Woltmann, J. (2001), S. 326 ff.

73 Arthur Moritz Schoenflies studierte in Berlin Mathematik, promovierte, wurde Lehrer und 1884 in Göttingen habilitiert. 1892 erhielt er dort den neuen Lehrstuhl für angewandte Mathematik. 1899 übernahm er den Lehrstuhl in Königsberg. Von 1911 bis 1922 war er Professor in Frankfurt/Main. Schoenflies befaßte sich mit Geometrie und der Bewegungslehre (Kinematik), ist besonders durch seine Arbeiten zur Krystallforschung und Mengenlehre bekannt. Er schrieb zahlreiche Bücher. [www-history.mcs.st-andrews.ac.uk/Mathematicians/Schonflies.html, Zugriff 30.8.2004]. Arthur Schoenflies und seine Frau Emma, geborene Levin (1868-1939) hatten fünf Kinder, drei überlebten die Shoah. Sonntag, Philipp: Arthur Schoenflies, ein Pionier der Kristallforschung. In: www.philipp-sonntag.de/pionier.htm, Zugriff 22.2.2004

74 Georg Schoenflies nahm als preußischer Zahlmeister eines Militärlazaretts am deutsch-dänischen Krieg 1864, am deutsch-österreichischen Krieg 1866 und am deutsch-französischen Krieg 1870/71 teil. Woltmann, J. (2001), S. 37

75 Georg Schoenflies war Vorstandsmitglied der Fortschrittspartei, Handelsrichter beim königlichen Landgericht, Mitglied der jüdischen Reformgemeinde zu Berlin, ab 1862 Stadtverordneter der Fraktion der Linken und der neuen Linken. Ebenda, S. 37

76 Pauline (1869 oder 1870-1930) heiratete Emil Benjamin, ihre Söhne waren Walter und Georg Benjamin. Elise (1872-1930) wurde die Frau von Ludwig Chodziesner, ihre Tochter war Gertrud Kolmar. Clara (1874-ca.1940) ehelichte den Arzt Alexander Wischwinski (später Wissing), beide emigrierten im April 1938 nach São Paulo, Brasilien. Martha (1877-1946) heiratete den Architekten Fritz Crzellitzer [Woltmann, J. (2001), S. 245, 301, Anm. 32] Fritz Crzellitzer baute das Volksbad in Landsberg/W [Pick, E. (2004)] und wurde ein bekannter Berliner Architekt. Das von ihm 1912-1913 erbaute, damals hochmoderne Geschäftshaus Wallstr. 76-79 ist seit 2003 Teil der australischen Botschaft in Berlin-Mitte. Schäche, Wolfgang (2003), Australische Botschaft in Berlin, Berlin

77 Woltmann, J. (2001), S. 324

78 Ebenda

79 Sie wohnten in Landsberg/W., Wilhelmstr. 8. Adreßbuch Landsberg/Warthe (1863)

80 Georg Pick war 1900 Gerichtsassessor in Berlin, 1911 Landgerichtsrat in Berlin. Mitteilung der BVerwG Bibliothek, Email vom 20.4.2004

81 Georg Pick bearbeitete das „Sachenrecht" (1903, mit Ed. Heilfron) sowie die „GVG-CPO" [=Gerichtsverfassungsgesetz-Civilprozeßordnung] (1904) in „Das Bürgerliche Recht des Deutschen Reichs".

82 Emil Emanuel Pick (1870-1928) bewohnte als Fabrikdirektor eine Villa am Stadtpark (darin befindet sich heute die Stadtbibliothek) [Pick, E. (2004)]. Man nannte ihn „Jute-König" wegen der vielen von ihm produzierten und verkauften Jutesäcke [Hecht, R.C. (2000)]. Die beiden anderen, Martin Pick (1879-1963), Schmuckwarengroßhändler, und Leo Pick (1881-1965), Fabrikdirektor in Magdeburg-Neustadt, emigrierten nach 1933 in die USA, letzterer wurde am 11.11.1944 amerikanischer Staatsbürger (Simmer, H.H. (2000), S. 306]. Erich Pick (1876-1879) verstarb früh an Diphterie.

83 Hecht, R.C. (2000)

84 Pick, E. (2004)

85 Hecht, R.C. (2000)

86 Hecht, R.C. (2004); Pick E. (2004)

87 Aussig gehörte 1938-1945 zum Reichsgau Sudetenland, dann als Ústí nad Labem zur Tschechoslowakei, heute zu Tschechien.

88 Kalthoff, J. et al. (1998), S. 45 ff.

89 Dissertation: „Über das Atomgewicht des Tellurs"

90 Nach dem von Dr. Tesch 1924 verfaßten Lebenslauf. In: Kalthoff, J. et al. (1998), S. 46

91 Sieg, U. (2001), S. 86

92 Februar 1917. Ebbinghaus, A. (1999), S. 39

93 Kalthoff, J. et al. (1998), S. 14 f. – Vizefeldwebel und Vizewachtmeister sind gleichrangig.

94 Sieg, U. (2001), S. 29 f.

95 Kalthoff, J. et al. (1998), S. 14

96 Ebenda, S. 46

97 Ebbinghaus, A. (1999), S. 41

98 Siehe Anm. 90

99 Kalthoff, J. et al. (1998), S. 38 f., 45-50, 62 f.

100 Auf dem Teilnehmerfoto stehen Hecht und Tesch nebeneinander. Verhandlungen der Deutschen Gesellschaft für angewandte Entomologie, 5. Mitgliederversammlung 1925

101 Hecht, O. (1928)

102 Deutsche Gesellschaft zur Schädlingsbekämpfung m.b.H., Frankfurt am Main, Hauptvertreter: Heerdt-Lingler G.m.b.H., Frankfurt a.M., und Tesch & Stabenow, Internationale Gesellschaft für Schädlingsbekämpfung m.b.H., Hamburg. Hecht, O. (1928), S. 18, Fußnote 1

103 Kalthoff J. et al. (1998), S. 52 f.

104 Hecht, O. (1928)

105 Ders. (1947)

106 Mannweiler, E. (1998), S. 181

107 Martini und Hecht trafen sich 1925 beim Kongreß der Deutschen Gesellschaft für angewandte Entomologie in Hamburg. Martini befindet sich auf dem Foto der Teilnehmer (2. Reihe, 4. von rechts). Vgl. Anm. 100

108 Architekt Fritz Schumacher (1869-1947), Hamburger Stadtbaudirektor

109 Mannweiler, E. (1998), S. 176

110 Ebenda, S. 224

111 Ebenda, S. 64-67

112 Snow, Keith R. (2002), The names of European mosquitoes: Part 9: Culex martinii Medschid 1930. www.uel.ac.uk/mosquito/issue11/names9.htm, Zugriff 28.12.2003

113 Hans Vogel war von 1963 bis 1968 Direktor des Hamburger Tropeninstituts.

114 E.G. Nauck war von 1943 bis 1963 Direktor des Hamburger Tropeninstituts.

115 Hecht, O. (1928a)

116 Ders. (1929, 1930)

117 Ders. (1931, 1932, 1933a, 1933b, 1934)

118 Ders. (1933c)

119 Brahm, F. (2002), S. 87 ff.

120 Hecht, O. (1970)

121 Bruno-Tesch-Gesamtschule Altona (1999)

122 Hecht, O. (1946a)

123 Hitler, A. (1941), S. XXVII

124 Ebenda, S. 1

125 Ebenda, S. 782

126 Ebenda, S. 54-70

127 Ebenda, S. 55-64

128 Ebenda, S. 59

129 Ebenda, S. 56

130 Ebenda, S. 59

131 Ebenda, S. 61

132 Ebenda, S. 67

133 Ebenda, S. 69

134 Ebenda, S. 70, Hervorhebung wie im Original

135 Hecht, O. (1946a)

136 Fest, J. C. (1973), S. 507

137 Das dreistöckige Liebermann-Haus am Pariser Platz 7 von 1844 schuf August Stühler in sachlicher Architektur. Der Symmetrie wegen baute man auf der anderen Seite des Brandenburger Tors

ein architektonisch ähnliches Gebäude. Das historische Lieber-mann-Haus wurde 1943 zerstört. Nach dem Fall der Berliner Mauer 1989 entstand an dieser Stelle das heutige Max-Lieber-mann-Haus in Anlehnung an das historische Vorbild.

138 Schnurbus, M. (2004)

139 Rovan, J. (1998), S. 585

140 Ebenda, S. 582 f.

141 Hecht, O. (1946b)

142 Nach Hecht, O. (1946b) hatte Magda Rieper vor 1927 für eine Dissertation bei Professor Reichenow im Hamburger Tropenin-stitut vergebens nach Symbionten bei Raubwanzen (Triatoma) gesucht. Otto Hecht promovierte mit einem ähnlichen Thema.

143 Typischer Klinkerbau des Hamburger Stadtbaudirektors Fritz Schumacher (1869-1947), darin zwei Gemälde von Gretchen Wohlwill, die Fritz Schumacher in Auftrag gab.

144 Herold, Rainer (2000), Gretchen Wohlwill (1878-1962). www.galerie-herold.de/seiten/biografien/biowohlwill.html, Zugriff am 16.1.2004

145 Am Haus erinnert seit 1990 eine Gedenktafel aus Bronze an Mar-tha Behrend und Gretchen Wohlwill.

146 Robertson, S. (2003)

147 Bock, G. (2002), S. 193

148 Kalthoff, H. (2001), S. 189 f.

149 Brahm, F. (2002), S. 81

150 Kalthoff, H. (2001), S. 189 ff.

151 Bruno-Tesch-Gesamtschule Altona (1999)

152 Kalthoff, J. et al. (1998)

153 Hering, R. (1998), S. 188

154 Wulf, S. (1994), S. 81 f.

155 Ebenda, S. 82

156 Hecht, O. (1933c)

157 Ebenda, S. 7 f.

158 Brahm, F. (2004); Hecht, R.C. (2000)

159 Ab 1933 wurde die Reichsfluchtssteuer durch die massenhaf-te Emigration der Juden zur „Menschenfluchtsteuer". Zusam-

men mit anderen steuerlichen Maßnahmen gegen Juden war sie Teil der bewußt betriebenen Ausplünderungs- und Vernichtungspolitik der Nazis. www.reichsfluchtsteuer.de, Zugriff 14.1. 2004

160 Hecht, R.C. (2000)

161 Hecht, O. (1947, 1958)

162 Ders. (1936)

163 Ders. (1947); Hering, R. (1998), S. 191 f.

164 Hecht, R.C. (2004)

165 Hecht O. (1947); Hecht, R.C. (2000)

166 1932 wurde der Irak aus britischem Mandat, 1936 Syrien aus französischem Mandat und Ägypten aus britischer Verwaltung entlassen. Kohn, H. et al. (1964)

167 Ebenda

168 Hecht, O. (1947)

169 Goldhaber, G. et al. (1943); Hecht, O. (1958)

170 Hecht. O. (1938)

171 Ders. (1938); Hering, R. (1998), S. 191 f.; Brahm, F. (2002), S. 85

172 Hecht, R.C. (2000)

173 Ebenda

174 Internationaler Kongreß für Entomologie (1940), S. IX-XIII

175 Hecht, O. (1938)

176 Internationaler Kongreß für Entomologie (1940), S. XII

177 Vgl. S. 91

178 Hecht, O. (1946a)

179 Dieses Kapitel nach Hecht, O. (1947), und Hecht, R.C. (2000)

180 Ihr Vater Hermann Thalmessinger, Stuttgart war der jüngere Bruder von Rosa Hecht, geborene Thalmessinger. Hecht, K.T. (2004). Vgl S. 51 und 105

181 Adler & Oppenheimer Lederfabrik A.G. Berlin, Neue Friedrichstr. 3 (im Bereich der heutigen Littenstr./Ecke Stralauer Str.) mit Niederlassungen in Straßburg-Lingolsheim, Schopp bei Kaiserslautern. 1911 Gründung des Lederwerk Adler & Oppenheimer in Neustadt-Gleve. Laut Telefonbuch gab es 1915 die Lederfabrik Adler & Oppenheimer auch in Amsterdam, Prinsengr. 379. Die

jüdische Firma Adler & Oppenheimer wurde 1938 mit Hilfe der Deutschen Bank „arisiert", also enteignet.

182 Hecht, R.C. (2000, 2004)

183 Hecht, O. (1947); Hecht, R.C. (2000)

184 Batavia (heute Jakarta, Indonesien), Balikapan (Borneo), Manila (Philippinen)

185 Pomorin, J. (1980)

186 Zu Lisa, Ted und Erica Hecht siehe Anm. 477

187 Hecht, R.C. (2000)

188 Hecht, O. (1946a); vgl. S. 104 f.

189 Gestalttheorie als fächerübergreifende allgemeine Theorie ist der Rahmen für unterschiedliche psychologische Erkenntnisse und deren Anwendung. Der Mensch als offenes System steht aktiv in der Auseinandersetzung mit seiner Umwelt. Gestalttheorie erlaubt Verständnis der Entstehung von Ordnung im psychischen Geschehen. Gesellschaft für Gestalttheorie und ihre Anwendung GTA, www.geocities.com/HotSprings/8609/#kap2, Zugriff 10.2.2004

190 www.psychologie.uni-frankfurt.de/werth.htm; www.geocities.com/HotSprings/8646, Zugriffe 10.2.2004

191 Rudolf (*1924), kurz nach der Geburt gestorben. – Valentin J.T. (*1925) genannt Val, Psychologe, Jurist, ehem. Vizepräsident der US-amerikanischen Union der Bekleidungsindustrie. – Michael (*1927), Psychologe, Prof. em., University of Colorado, Boulder. – Lise (*1928), Psychologin, Durham University, North Carolina, verheiratet mit Professor Michael A. Wallach, Psychologe, Havard University, mehrere gemeinsame Veröffentlichungen von Lise und Arthur Wallach. – Annie Wertheimer heiratete nach dem Tod ihres Mannes erneut, der Sohn aus zweiter Ehe ist Peter Hornborstel, Rechtsanwalt, Repräsentant einer Brasilianischen Bank, Washington, D.C. Hecht, R.C. (2004); www.pbs.duke.edu/faculty/michaelwallach/michaelwallach.html, Zugriff 30.9.2004

192 Rockefeller Institute for Medical Research, Princeton Department of Animal and Plant Pathology

193 Hecht, O. (1947)

194 Ebenda

195 Ders. (1946a, 1958)

196 Es ist nicht wahrscheinlich, daß es sich hierbei um Dr. Arnoldo Gabaldón handelte. Vgl. Anm. 205 und 206

197 Abteilung für Gelbfieber und Pocken des Gesundheitsministeriums und Veterinär-Untersuchungsamt im Landwirtschaftsministerium, Hecht, O. (1958)

198 Hecht, O. (1947)

199 Hecht, R.C. (2000)

200 Dieser Absatz nach Hecht, O. (1946a, 1947) und Hecht, R.C. (2000)

201 Der Abschnitt über Martin Mayer im wesentlichen nach Brahm, F. (2004)

202 Mayer M. und B. Nocht (1918), „Die Malaria, ihre Klinik, Parasitologie und Bekämpfung", Berlin; Mayer, Martin (1924), „Exotische Krankheiten – Ein Lehrbuch für die Praxis", Berlin

203 Mannweiler, E. (1998), S. 226

204 Ebenda, S. 226

205 Arnoldo Gabaldón war 1959-1964 venezolanischer Gesundheitsminister. Bol. Entomol. Venez. N.S. 6(1), 71-73. 1991; caibco. ucv.ve/Vitae/VitaeUno/Persona/Gabaldon/curry.htm, Zugriff 3.2. 2004

206 Die Annahme, Gabaldón habe Otto Hecht zur Malariaforschung nach Venezuela berufen, wie bei Hecht, R.C. (2000) und Brahm, F. (2004)), erscheint nach den Briefen von Otto Hecht (1946 a, b; 1947) unwahrscheinlich.

207 Auf López Contreras, der nicht zum zweiten Mal kandidierte, folgte 1941 rechtmäßig gewählt Medina Angarita. www.world states.com/World_States/South_America/Venezuela/History/ Series_of_Dictatorships.htm, Zugriff 16.2.2004; www.infobitte. de/free/lex/ww2_Lex0/v/venezuela.htm, Zugriff 1.2.2004

208 Hecht, R.C. (2000)

209 Brahm, F. (2004)

210 www.infobitte.de/free/lex/ww2_Lex0/v/venezuela.htm; www.info bitte.de/free/lex/ww2_Lex0/n/neuland.htm, Zugriffe 1.2.04

211 Hecht, R.C. (2000)

212 Durch Stechmücken übertragene Viruserkankung mit drei Infektionswegen: 1. Busch- oder Dschungelgelbfieber zwischen Affen und Mücken; 2. Urbanes oder Stadtgelbfieber zwischen Menschen und Mücken; 3. Intermediärer Zyklus zwischen Affen, Mücken und Menschen in waldnahen, kleinen Siedlungen, wo Menschen und Affen dicht beieinander leben. Außerdem können Stechmücken die Erreger an ihre Nachkommen weitergeben (Stechmückenzyklus).

213 Hecht, O. (1947)

214 Ders. (1958)

215 Ders. (1951)

216 Ders. (1947)

217 Ders. (1946a)

218 Bassols, I. (1973), S. III-IV

219 Martin Mayer (Caracas) an Ernst Georg Nauck, 23.4.1947. (StA HH 352-8/9 BNI 10-2). Verfasser dankt Herrn Felix Brahm für diesen Hinweis.

220 Dieser Absatz nach Hecht, R.C. (2000)

221 Hecht, O. (1946a), vgl. S. 104-107

222 Herman Thalmessinger († 1946), vgl. Anm. 118, S. 105

223 Hecht, K.T. (2004)

224 Hecht, O. (1947)

225 Dieser Abschnitt nach Hecht, R.C. (2004)

226 Im Industriegebiet von Marghera, Spinea und Mestre. Ebenda

227 Die heute zu Albany International, New York, gehörende Württembergische Filztuchfabrik D. Geschmay, Göppingen ignoriert in ihrer „Firmenhistorie" die Jahre des „Dritten Reiches", wenn es lediglich heißt: „1910 Firmengründung durch David Geschmay in Göppingen. 1963 Das neue Werk im Pfingstwasen entsteht." www.albint.com/web/geschmay/content.nsf/content/history+-+ Germany+(German), Zugriff 24.8.2004

228 Die Deportation der Göppinger Juden, www.edjewnet.de/depor tation/deportation.htm, Zugriff 24.8.2004

229 Die drei Töchter sind: Hannelore, heute Annelaura, die in Volks-
wirtschaft promovierte und später die Firma leitete, sowie Doro-
thea und Sylvia. Hecht, R.C. (2004)

230 Nach dem Krieg baute Giovanni Geschmay die durch Flieger-
angriffe zerstörte Fabrik bei Venedig wieder auf, erhielt das
Werk in Göppingen zurück und schuf die internationale Geschmay
Firmengruppe. [Hecht, R.C. (2004)]. Um 2000 wurde die Geschmay Gruppe von Albany International in New York übernommen. PaperAge September 2000 Issue, www.paperage.com/09_
2000valmet_albany.html, Zugriff 24.8.2004

231 Pick E. (2004) – Aus dem Judenhaus Landshuter Straße 35 deportierten und ermordeten die Nazis in den Jahren 1942 und
1943 67 Menschen [Kunstamt Schöneberg, Schöneberg Museum
(1995), Orte des Erinnerns, Bd. 2: S. 248 f.]. – Das Haus wurde
im Krieg zerstört. Heute stehen in diesem Bereich schmucklose
Etagenhäuser aus dem Aufbauprogramm 1958.

232 Von den etwa 16 000 Juden des Viertels konnten viele emigrieren,
dennoch wurden nach der Wannsee-Konferenz etwa 6000 Juden
von hier deportiert und fast alle ermordet. An die sogenannte Jüdische Schweiz erinnern heute im Bayerischen Viertel 80 Gedenktafeln sowie Orientierungspläne an den Masten der Straßenlater-
nen und bilden das 1994 von Renata Stih und Frieder Schnock
geschaffene flächendeckende Denkmal „Orte des Erinnerns im
Bayerischen Viertel – Ausgrenzung und Entrechtung, Vertreibung,
Deportation und Ermordung von Berliner Juden in den Jahren
1933 bis 1945". WIKIPEDIA http://de.wikipedia.org/wiki/Berlin-
Schoeneberg, Zugriff 5.5.2004

233 Im Bayerischen Viertel wurden 24 Häuser enteignet, 21 zwangsweise verkauft. Wiedmer, Caroline (1995), Remembrance in Schöneberg. www.stih-schnock.de/remembrance.html, Zugriff 12.5.
2004

234 Victor Klemperer, Sohn eines Rabbiners in Landsberg/W., konvertierte 1912 zum Protestantismus. Als Frontkämpfer des Ersten
Weltkrieges wurde er erst 1935 aus dem Lehramt für Romanistik
der Technischen Hochschule Dresden entlassen. Klemperer V.

(1995), Bd. I, S. 2. – In Berlin-Wilmersdorf am Haus Weimarische Straße 6a, wo Victor Klemperer von 1906 bis 1909 lebte, wurde am 11.2.2003 eine vom Künstler Manfred Butzmann gestaltete Gedenktafel aus Bronze angebracht.

235 Klemperer V. (1995), Bd. IV, S. 23-200; Bd. V-VII; Bd. VIII, S. 1-85

236 Ebenda, Bd. IV, S. 107 f.

237 Woltmann, J. (2001), S. 264

238 Klemperer V. (1995), Bd. V, S. 61 f.

239 Hecht, O. (1946 a)

240 Pick, E. (2004) nach Erzählung seiner Mutter Margarete Pick

241 Sein Geschäft befand sich in Berlin-Mitte, Behrenstr. 27. Pick, E. (2004)

242 Hecht, R.C. (2004)

243 Im relativ gut erhaltenen Karree zwischen Pommerscher, Sächsischer, Zähringer und Konstanzer Straße entstanden Ende der 1920er Jahre vom Bauhaus geprägte, vorwiegend 4-geschossige Mietshäuser mit glatten, heute in verschiedenen Pastellfarben gestrichenen Fassaden. Einzigen Schmuck bilden die schmalen Einfassungen der Eingangstüren aus Mindener Ziegeln mit unterschiedlichen Art Deco-Mustern.

244 Man planierte das herrschaftliche Alsenviertel im Spreebogen nördlich des Reichstags, wo der „Große Platz" und die 290 m hohe „Große Halle" für 180 000 Menschen geplant waren, sowie die Bebauung südlich des Tiergartens im Bereich des heutigen Kulturforums. Die Bauarbeiten wurden 1942 kriegsbedingt eingestellt.

245 Greulich, A./Müllner, J. (2004), Hitlers Manager. Albert Speer. ZDF-Sendung am 16.11.2004

246 Pick, E. (2004)

247 Für die sehr persönlichen Informationen zu diesem Abschnitt dankt der Verfasser Herrn Oberstudienrat i.R. Erich Pick, dem ältesten Sohn von Herbert und Margarete Pick (vgl. Anm. 254).

248 Er war ein Bruder von Hermann Pick, vgl. Anm. 68

249 Landsberg/W., Theaterstraße 28 (nach Umnummerierung Haus-Nr. 50). Das Haus wurde 1768 nach dem großen Brand der Zan-

tocher Vorstadt nach einem für 12 ebenfalls abgebrannten Häusern gleichen Plan erbaut, den Friedrich der Große vorschrieb, der auch das Holz für die Bauten schenkte. Die Häuser nannte man die Zwölf Apostel. Nach der rückseitigen Beschriftung eines Fotos des Hauses aus dem Jahre 1905 durch Herbert Pick. Pick, E. (2004)

250 Die obligatorische standesamtliche Eheschließung wurde in Deutschland erst 1875 durch Reichsgesetz eingeführt. Brockhaus (1908), Bd. 4, S. 287

251 Als „nicht arisch" galt laut der Durchführungsverordnung zum Berufsbeamtengesetz vom 11. April 1933, „wer von nicht arischen, insbesondere jüdischen Eltern oder Großeltern abstammt. Es genügt, wenn ein Elternteil oder ein Großelternteil nicht arisch ist." „Arierparagraph", Microsoft® Encarta® Enzyklopädie 2000

252 Der Stahlhelm – Bund der Frontsoldaten, ein militanter nationalistischer, antiparlamentarischer Wehrverband vereinigte in der Weimarer Republik besonders ehemalige, vom sozialem Abstieg bedrohte deutsche Soldaten des Ersten Weltkrieges und stand der monarchistisch-antidemokratischen Deutschnationalen Volkspartei (DNVP) nahe. Mit etwa 500 000 Mitgliedern (1930) beteiligte sich der Stahlhelm wesentlich an den großen Kampagnen gegen die Weimarer Republik. Ab 1933 wurde der Stahlhelm allmählich in die SA eingegliedert und 1935 aufgelöst. „Stahlhelm", Microsoft® Encarta® Enzyklopädie 2000

253 Schautafel „Die Nürnberger Gesetze". 30 x 41,2. Gestaltung: Willi Hackenberger. Herausgeber: Reichsausschuß für Volksgesundheit, Berlin, 1935. DHM, Berlin, DG 90/6011

254 Erich Pick, Oberstudienrat i.R., arbeitete als Gymnasiallehrer (Englisch, Geschichte, Gemeinschaftskunde) in Gaildorf und beschäftigt sich mit der Genealogie.

255 Dr. Wilhelm Sobernheims Eltern, der Berliner Kaufmann Emil Sobernheim (1843-1922) und dessen Frau Elise (genannt Liese), geborene Pick aus Landsberg/W. (1855-1932) bewohnten die rechte Wohnung der Belle Etage des Hauses Schwäbische Straße 3 in Berlin-Schöneberg, das ihnen vermutlich gehörte. Er selbst

lebte hier bis zu seinem Freitod am 12.1.1939 [Pick, E. (2004)]. Die Nazis machten eine oder mehr Wohnungen des Hauses zu sogenannten Judenwohnungen, woraus sie in den Jahren 1942 bis 1944 dreizehn jüdische Menschen deportierten und ermordeten [Kunstamt Schöneberg, Schöneberg Museum (1995), Orte des Erinnerns, Bd. 2, S. 262; Gedenktafel im Treppenhaus].

256 Dieser Abschnitt über Ludwig Pick nach Simmer, H.H. (2000), Zitate in Anführungszeichen. – Simmer würdigt in seiner umfangreichen Abhandlung ausführlich Picks wissenschaftliche Leistung. – In Berlin-Friedrichshain gibt es seit dem 1.10.2000 die Ludwig-Pick-Straße.

257 Picks Konservierungsflüssigkeit, Farberhaltung nach Pick, Adenoma tubulare ovarii Pick, Niemann-Pick Syndrom, Niemann-Pick Zelle, Lubarsch-Pick Syndrom. Simmer, H. H. (2000), S. 13

258 Ebenda, S. 24 f., Abb. 2

259 Ludwig Pick diente im Sommer 1892 mit der Waffe beim Grenadierregiment König Friedrich Wilhelm I. (2. Ostpr.), im Winter 1892/93 als Arzt beim Brandenburgischen Train-Bataillion No. 3 zu Spandau. Aus dem Lebenslauf zur Dissertation 1893. In: Ebenda, S. 19

260 1912 erhielt Ludwig Pick die Landwehrdienstauszeichnung Erster Klasse, 1913 wurde er mit der Erlaubnis zum Tragen der bisherigen Uniform verabschiedet. Ebenda, S. 167

261 Berlin-Mitte, Philippstraße 21

262 Dissertation: „Ein Beitrag zur Aetiologie, Genese und Bedeutung der hyalinen Thrombose"

263 Eine Habilitationsschrift war damals in Berlin nicht erforderlich. Simmer, H.H. (2000), S. 93

264 Curriculum vitae von 1898. In: Ebenda, S. 41, Anm. 25, 50

265 Ebenda, S. 371-375

266 Ebenda, S. 241 f.

267 Berthold Ostertag, Neuropathologe in Landsberg/W. nach einem Besuch bei Pick. Ebenda, S. 248

268 Picks Schüler August Proskauer 1928 zu dessen 60. Geburtstag. Ebenda, S. 245

269 Ebenda, S. 244, 277

270 August 1914 Beratender Pathologe des Berliner Gardekorps, of-
     fiziell Prosektor der Berliner Reservelazarette; August 1916 Ar-
     meepathologe der III. Armee in Frankreich; Oktober 1917 Seu-
     chenlazarett Asfeld in Sedan. Ebenda, S. 167, 170

271 Ebenda, S. 170-185, 266 f., 377-385

272 Ebenda, S. 251. – Bedeutende DDP-Mitglieder waren Hugo Preuß
     (1860-1925), Friedrich Naumann (1860-1919), Max Weber
     (1864-1920), Walther Rathenau (1867-1922), Ludwig Quidde
     (1858-1941), Theodor Heuss (1884-1963) und Hellmut von Ger-
     lach (1866-1935), der die Partei aber bereits 1922 verließ.

273 Friedrich Naumann, Max Weber, Walther Rathenau, Hugo Preuß

274 In Budapest und New York sprach Pick über Knochenerkrankun-
     gen, in Havard über Speicherkrankheiten (Morbus Gaucher, Nie-
     mann-Pick Krankheit). Simmer, H.H. (2000), S. 258

275 Ebenda, S. 301

276 Ebenda, S. 258

277 Pick, E. (2004)

278 Simmer, H.H. (2000), S. 278-292

279 Pick gehörte viele Jahre lang der Deutschen Gesellschaft für
     Gynäkologie und der Deutschen Pathologischen Gesellschaft an.
     Ebenda, S. 293-296

280 Horst Wessel (1907-1929), SA-Sturmführer im kommunistischen
     Berlin-Friedrichshain, Opfer eines Eifersuchtsdramas. Seine Ver-
     se „Die Fahne hoch…" wurden zur offiziellen Parteihymne der
     NSDAP. IDGR Lexikon Rechtsextremismus, www/lexikon.idgr.
     de/h/h_o/horst-wessel-lied/horst-wessel-lied.php, Zugriff 19.3.
     2004

281 Aus dieser Zeit stammt ein Gruppenphoto mit Büchner und Pick
     im Pathologischen Institut. Simmer, H.H. (2000), S. 296 f. und
     Abb. 57

282 Franz Büchner: „Der Eid des Hippokrates – Die Grundgesetze
     der ärztlichen Ethik". Öffentlicher Vortrag am 18.11.1941 in der
     Aula der Universität Freiburg. Hornstein, Otto Paul (2002), Ärzt-
     licher Widerstand gegen Euthanasie – Franz Büchners unverges-

senes Vorbild. www.juristen-vereinigung- lebensrecht.de/pub/zfl/ 200201/beitrag1.htm, Zugriff 19.3.2004

283 Simmer, H.H. (2000), S. 296 ff., 319-323

284 Ebenda, S. 243, 248, 302

285 H.H. Simmer (2000, S. 305 f.) fragt, ob der Bauunternehmer sowie der offenbar nur vorgeschobene Architekt Hermann Kirsch arisch waren. Der Verfasser dankt Herrn Oberstudienrat i.R. Erich Pick für den Hinweis, daß das Picksche Haus vom Architekten Fritz Crzellitzer entworfen wurde, wie aus den Vorbemerkungen eines Photoalbums hervorgeht, das Ludwig Pick dem über die Familie Schoenflies mit ihm verwandten Fritz Crzellitzer widmete (vgl. Anm. 76). Dieser wohnte in Picks Nähe in der Stubenrauchstraße (Reichs-Telefonbuch 1935).

286 Simmer, H.H. (2000), Abb. 60-65: Grundrisse sowie Außen- und Innenaufnahmen des Pickschens Hauses Kunzendorfstraße 20

287 Ebenda, Abb. 65 zeigt im Durchgang vom Wohn- ins Herrenzimmer wahrscheinlich einen antiken Lori-Pampak (Kasak) und dahinter im Herrenzimmer einen antiken Schildkasak.

288 Ebenda, S. 302-315

289 Ebenda, S. 323-328

290 Ebenda, S. 329-333

291 „Schutzjude" hier in Anlehnung an die Zeit vor der Judenemanzipation gebraucht, als ein Schutzjude nach Zahlung eines Geldbetrages an den Landesherren einen Schutzbrief besaß, der ihm das Aufenthaltsrecht oder auch andere Rechte gewährte.

292 In Berlin lebten Anfang Mai 1945 außerdem 1300 illegal versteckte Juden, sogenannte „U-Boote", sowie 1500 jüdische Rückkehrer aus Konzentrationslagern, insgesamt also etwa 7000 Juden. http://jüdisches-berlin.de/Geschichte/geschichte_frame.htm, Zugriff 27.6.2004

293 Simmer, H.H. (2000), S. 334-350

294 Der günstige Ausgang des langwierigen Rechtsweges sowie die Anerkennung als „Opfer der Nürnberger Gesetze" gelangen nur mit Hilfe von vier Verwandten Ludwig Picks, seinem Bruder Leo Pick und dessen Tochter Anna Jacobsohn-Pick, seiner Schwägerin

Irmgard Pick sowie Margarete Pick, geborene Hartmann, Frau seines Großneffen Herbert Pick. Sie bezeugten, daß Ludwig Pick und Anna König wie Eheleute zusammenlebten und daß sie Anna König als „zur Familie gehörig" betrachteten. Ebenda, S. 353-363

295 Ebenda, S. 369

296 Das Kapitel über Gertrud Kolmar teilweise nach Woltmann, J. (2001), dort auch eine Bibliographie der Schriften Gertrud Kolmars.

297 In Berlin-Mitte gibt es seit dem 29.10.2001 die Gertrud-Kolmar-Straße. Zu Gedenktafeln für Getrud Kolmar siehe Anm. 309, 321, 347. – Das „Teamtheater Tankstelle" in München veranstaltete im April 2004 die Uraufführung von Cornelia Naumanns Theaterstück „Liebe Trude" über Getrud Kolmar.

298 Kolmar, G. (1917)

299 Die Umbenennung in „Kolmar in Posen" erfolgte durch preußische Kabinettsorder. Der Name bezog sich auf den amtierenden Chodzieser Landrat von Colmar Megenburg, der sich erfolgreich für eine günstige Lage des Bahnhofs dicht am Ort einsetzte. Die Nebenlinie der Preuß. Staatsbahnen Posen-Kolmar-Schneidemühl wurde 1897 eröffnet. www.chodziez.de/Polenkarte.htm, Zugriff 3.6.2004

300 Woltmann, J. (2001), S. 29

301 Ebenda, S. 257; Kolmar, G. (1993)

302 Woltmann, J. (2001), S. 31

303 Die preußische Provinz Posen hatte 1900 ca. 1,9 Millionen Einwohner. Davon waren der Muttersprache nach ca. 0,7 Mill. (ca. 36%) Deutsche, die übrigen Polen, Masuren und Kassuben. Brockhaus (1908), Bd. 13, S. 310

304 Ein Schulaufsichtsgesetz von 1873 machte Deutsch zur einzigen Sprache in den Volksschulen. Berliner Festspiele GmbH (1981), Preußen. Versuch einer Bilanz. Ausstellungsführer, Bd. 1, S. 554

305 Woltmann, J. (2001), S. 31

306 Ebenda, S. 32

307 Ebenda, S. 27 (Abb.), 33

308 Homann, U. (2003)

309 Die Villa Ahornallee 37/Ecke Platanenallee wurde im Zweiten Weltkrieg zerstört. Am modernen Nachfolgebau befindet sich seit 24.2.1993 eine Berliner Gedenktafel aus KPM-Porzellan für Gertrud Kolmar.

310 Nach Gertrud Kolmars 1939 selbst verfaßtem Lebenslauf. In: Woltmann, J. (2001), S. 263-368

311 K.J. vielleicht für Karl Jodl (*1882), der im August 1915 bei Warschau fiel. Er war ein entfernter Verwandter des 1946 von den Alliierten in Nürnberg hingerichteten Generals Alfred Jodl (1890-1946). Ebenda, S. 89

312 Unter den K.J. gewidmeten Gedichten können zwei auf den Tod des Geliebten hinweisen. Ebenda, S. 89 f.

313 Ebenda, S. 90

314 Brockhaus (1908), Bd. 1, S. 77

315 Verleger Fritz Cohn, Inhaber des Verlages Egon Fleischel & Co. Berlin. Woltmann, J. (2001), S. 91

316 Kolmar, G. (1917)

317 „Fruchtlos" im Zyklus „Welten". Dies. (1983), S.131 ff.

318 Vgl. Anm. 310

319 Woltmann, J. (2001), S. 94

320 Das Haus zwischen der Knesebeck- und Bleibtreustraße wurde im Kriege zerstört.

321 Falkensee-Finkenkrug, Feuerbachstraße 9. Das Haus mit einer Gedenktafel für Gertrud Kolmar (Gertrud K. Chodziesner) dient heute als Hort der Grundschule (G.) E. Lessing. Daneben verläuft der Gertrud-Kolmar-Weg quer zu den nach deutschen Malern benannten Straßen, von der Max-Liebermann- bis zur Ehlers-Straße.

322 Woltmann, J. (2001), S. 132

323 Ebenda, S. 135 f.

324 Ebenda, S. 121-125

325 Vom Herbst 1927 an entstanden die lyrischen Zyklen „Das preußische Wappenbuch", „Weibliches Bildnis", „Kind", „Tierträume" und wahrscheinlich der Sonettenzyklus „Bild der Rosen". Ebenda, S. 135

326 Siehe Anm. 310

327 Aus dem Tagebuch von Hilde Chodziesner vom November 1923. In: Woltmann, J. (2001), S. 130

328 Ebenda, S. 130, 169 f.

329 Kolmar, G. (2003b)

330 Ebenda, S. 198

331 Woltmann, J. (2001), S.195 f.

332 Kolmar, G. (1978)

333 Dies. (1983), S. 157 f.

334 Woltmann, J. (2001), S. 202

335 „Die Gefangenen 1933" sowie „An die Gefangenen – Zum Erntedankfest am 1. Oktober 1933", Kolmar, G. (1983), S. 161 f., 163 f.

336 Woltmann, J. (2001), S. 197

337 Kolmar, G. (1983), S. 170 ff.

338 Vgl. Anm. 310

339 Oschilewski, W.G., „Aus der Berliner Rabenpressenzeit..." Zitiert nach Woltmann, J. (2001), S. 222

340 Kolmar, G. (1934) mit 18 ihrer 51 Wappengedichte. Über „Das Preußische Wappenbuch" ausführlich Woltmann, J. (2001), S. 135-143, 222 f.

341 Ebenda, S. 229-236

342 „Welten" und die dramatische Legende „Die Nacht"; die Manuskripte schickte sie im Mai 1939 ihrer Schwester Hilde nach Zürich. Ebenda, S. 237-243

343 Buchhandlung P. Wenzel, Grolmannstraße nahe Kurfürstendamm (Reichs-Telefonbuch 1935).

344 Wegen der Verdrängung der Juden aus dem kulturellen Leben gründeten jüdische Künstler und Intellektuelle 1933 in Berlin den „Kulturbund Deutscher Juden", in vielen Orten entstanden ähnliche Bünde. Im August 1935 wurden sie zwangsweise zum „Reichsverband jüdischer Kulturbünde in Deutschland" (RJK) zusammengefaßt und dem Reichspropagandaministerium unterstellt. Nach der Reichspogromnacht 1938 wurden die meisten Kulturbünde geschlossen, der Berliner konnte aus Propagandagrün-

den ab 20.11.1938 wieder arbeiten. An Stelle des 1939 aufgelösten RJK entstand der „Jüdische Kulturbund in Deutschland" e.V., der besonders in Berlin aktiv war, bis er im September 1941 von der Gestapo aufgelöst wurde. Deutsches Historisches Museum (2004)

345 Woltmann, J. (2001), S. 246 f.

346 Ebenda, S. 248, 251

347 Aus dem Judenhaus Speyerer Straße 10 deportierten und ermordeten die Nazis in den Jahren 1942 und 1943 36 jüdische Menschen [Kunstamt Schöneberg, Schöneberg Museum (1995), Orte des Erinnerns, Bd. 2, S. 264]. – Die Speyerer Straße verlief damals von der Martin-Luther-Straße zum Bayerischen Platz, heute endet sie infolge von Baumaßnahmen der Nachkriegszeit bereits an der Barbarossastraße. Das im Krieg zerstörte Haus Speyerer Straße 10 stand etwa dort, wo sich heute das neue Gebäude Münchner Straße 18a befindet. Zum Gedenken an Gertrud Kolmar liegt im Bürgersteig davor seit Oktober 2004 ein „Stolperstein" des Kölner Künstlers Gunter Denning. – Die Schöneberger Stadtteilbibliothek in der Pallasstraße 27 heißt seit 1999 Gertrud-Kolmar-Bibliothek.

348 Alexander Lindenheim und seine Frau Rebecca, eine Schwester Ludwig Chodziesners, die früher auch im Berliner Westend wohnten, nahmen im November 1940 vor ihrer Ausreise nach Montevideo Abschied von Bruder und Nichte. Woltmann, J. (2001), S. 267 f.

349 Die Erzählung „Susanna" wurde Mitte Februar 1940 abgeschlossen, erschien erstmals 1993. Ebenda, S. 252-259

350 Nelly Sachs und ihrer Mutter gelang mit Hilfe von Selma Lagerlöf (1858-1940) 1940 die Ausreise nach Schweden.

351 Woltmann, J. (2001), S. 265 f.

352 Dora Horwitz, Freundin von Nelly Sachs, die früher Ludwig Chodziesner portraitiert hatte, wurde 1942 ins Ghetto Riga deportiert, wo sie wahrscheinlich umkam. Anfrage Klaus Kühnel, www.trafoberlin.de/geschichte-der-arbeiterbewegung/ rechercheanfragen, Zugriff 16.6.2004

353 Das Grundstück Badensche Straße 39 ist heute Grünfläche.

354 Berlin-Lichtenberg, Herzbergstraße

355 Woltmann, J. (2001), S. 268 ff.

356 Ebenda, S. 270 ff.

357 Deutschland in den Grenzen von 1937, also ohne die ab 1940 im Großdeutschen Reich zusammengefaßten Annexionen

358 Ebenda, S. 276 f.

359 Die Synagoge Münchner Str. 37 befand sich in einem Wohngebäude und überstand daher die Reichspogromnacht unbeschädigt. Im Gegensatz zu Woltmann, J. (2001), S. 322, Anm. 274, wurde die Synagoge im Krieg beschädigt, aber nicht zerstört. Ihr endgültiger Abriß erfolgte erst 1956, „da sie nicht mehr benutzt wurde", wie es auf der Tafel des dort aufgestellten Gedenksteins heißt.

360 Woltmann, J. (2001), S. 280

361 Kolmar, G. (1978)

362 Woltmann, J. (2001), S. 281-285

363 Berlin-Charlottenburg, Wilmersdorfer Straße. Ebenda, S. 122

364 Ebenda, S. 275

365 Kolmar, G. (2003a)

366 Woltmann, J. (2001), S. 290 f., 378-387

367 Der Abschnitt über Walter Benjamin teilweise nach Wesseling, K.-G. (2002). – In Berlin-Charlottenburg gibt es seit 2001 den Walter-Benjamin-Platz. Zu weiteren Gedenkstätten für Walter Benjamin siehe Anm. 394, 397

368 Das ehemalige Rittergut Haubinda in Thüringen ist die älteste, 1901 als Internat gegründete Hermann-Lietz-Schule.

369 Wesseling, K.-G. (2002)

370 Dissertation: „Der Begriff der Kunstkritik in der deutschen Romantik"

371 Berlin-Grunewald, Delbrückstr. 23. Wesseling, K.-G. (2002)

372 Grete Radt (1891-1979) heiratete 1921 Benjamins Schulfreund Alfred Cohn (1892-1954). Ebenda

373 Mit Dora S. Pollak verbrachte Benjamin 1916 einige Monate in der Villa ihres Mannes am Starnberger See. Ebenda

374 Stefan Rafael (1918-1972). Ebenda

375 Jula Cohn heiratete 1925 Fritz Radt, den Bruder der ersten Verlobten Walter Benjamins Grete Radt. Ebenda

376 Asja (Anna Ernestowna) Lacis, geboren in Ligathe, Lettland, besuchte als Arbeiterkind ein Privatgymnasium, studierte an der ersten Frauen zugänglichen Hochschule in St. Petersburg, dann in Moskau Theater- und Filmwissenschaft. Theaterarbeit mit verwahrlosten Kindern und Kriegsopfern. Ab 1922 Schauspielerin und Regisseurin in Deutschland: Episodenrolle bei Fritz Lang, Regieassistenz und Darstellerin bei Bertolt Brecht. Ab 1922 lebenslanges Verhältnis mit dem österreichisch-jüdischen Theatermann Bernhard Reich, der ihretwegen Wahlsowjetbürger wurde, den sie aber erst 1957 heiratete [Pasvecia, Beate. In: www.ruhr-uni-bochum.de/ost-west/owp24.htm, Zugriff 3.6.2004], Geburt der Tochter Daga. Ab 1924 Freundschaft mit Walter Benjamin. Regisseurin eines Agitprop-Theaters in Riga, 1928-1930 Leiterin des Ressorts Film der Handelsabteilung der sowjetischen Botschaft in Berlin, Regieassistenz bei Piscator. 1948-1957 Internierung in Kasachstan, danach Oberregisseurin am Staatlichen Schauspielhaus von Valmiera, Lettland. Sie und Bernhard Reich machten Brecht in der Sowjetunion bekannt. Sie starb 1979 in Riga. Veröffentlichungen über proletarische Regie und Dramaturgie, über Kindertheater und Piscator, 1935 „Revolutionäres Theater in Deutschland", 1981 Autobiographie „Die rote Nelke". Sabine Krusen: Vergessene Biographien (2). In: Berliner Stadtzeitung Scheinschlag, Nr. 9/2001

377 Berlin-Wilmersdorf, Düsseldorfer Straße 42

378 Wesseling, K.-G. (2002)

379 Nach Vorlage seiner Arbeit „Ursprung des deutschen Trauerspiels" riet man ihm, sein Gesuch zurückzuziehen. Das Werk erschien 1928 im Berliner Verlag Ernst Rowohlt.

380 Nach Benjamin stattete Johann Peter Hebel in seinen „Kalendergeschichten" „aufschlußreiche und gewichtige Vorfälle mit der Klarheit (Evidenz) des Hier und Jetzt aus"; sein „Schatzkästlein des rheinischen Hausfreunds" (1803-1811) sei „eines der lautersten Werke der deutschen Prosa-Gold-Schmiederei".

381 Johann Kresnik inszenierte „Die letzten Tage der Menschheit" im U-Boot-Bunker „Valentin" in Bremen-Farge. Bremer Theater Spielzeit 2000/2001, weitere Aufführungen bis 2005.

382 „Über Haschisch. Novellistisches. Berichte. Materialien." Hrsg. von Tillman Rexroth. Eingeleitet von Hermann Schweppenhäuser, Frankfurt/Main 1972, 1990

383 Dieser Abschnitt über Walter Benjamins Rundfunkarbeit teilweise nach Döhl, R. (1987)

384 Ernst Schoen, mehrfach von den Nazis verhaftet, emigrierte im Mai 1933 nach England. 1952 kehrte er nach Berlin zurück, konnte aber nicht an seine vor 1933 ausgeübte künstlerische Tätigkeit beim Rundfunk anknüpfen. AsKI Kulturberichte 2/99, www.aski. org/kb2_99/kb299dra.htm, Zugriff 4.6.2004

385 Der Sender Frankfurt, dritter Sender der Weimarer Republik nach Berlin und Leipzig (Mitteldeutsche Rundfunk A.G.), begann sein Programm am 1.4.1924. Er hieß offiziell Südwestdeutscher Rundfunkdienst A.G., Mehrheitsbesitzer war der Frankfurter Fotoindustrielle Dr. Carl-Adolf Schleussner (1895-1959), den lediglich die Dividende interessierte. Das Freie Sender Kombinat FSK, www. fsk-hh.org/akt/0204radiotext.html, Zugriff 4.6.2004

386 Der Röntgenologe Dr. med. Hans Flesch, Sohn des Stadtrates und Sozialpolitikers Karl Flesch in Frankfurt, interessierte sich für zeitgenössische Musik, heiratete Paul Hindemiths Schwester Toni, galt als kreativer Rundfunkmacher und setzte sich theoretischpublizistisch mit dem neuen Medium Radio auseinander. Er schrieb das erste gesendete deutschsprachige Hörspiel „Zauberei auf dem Sender". Schon 1932 entließ ihn der von Reichskanzler von Papen ernannte Reichsrundfunkkommissar Erich Scholz (NSDAP). Im August 1933 brachten die Nazis ihn ins KZ Oranienburg. Nach der Haftentlassung belegten sie ihn als „Halbjuden" 1935 mit Berufsverbot. 1943 verpflichtete man den im Ersten Weltkrieg kriegsfreiwilligen, nun „wehrunwürdigen" Arzt zur Praxisvertretung einberufener Ärzte nach Crossen/Oder. Bei der Evakuierung im Februar 1945 stellte er sich der Wehrmacht zur Verfügung und leitete als Bataillonsarzt ein Lazarett.

Seit April 1945 ist Hans Flesch verschollen. Im August 1945 suchte ihn die US-Militärregierung, die ihn als Intendanten für den
RIAS vorsah. Wo früher der Sender Frankfurt stand, befindet sich
heute der Hans-Flesch-Platz. frankfurt.de Tagesdienst 29.06.2004,
www.frankfurt.de; Das Freie Sender Kombinat FSK, www.fsk-
hh.org/akt/0204radiotext.html, Zugriffe 4.6.2004

387 Die Reichsregierung veröffentlichte am 23.7.1932 Leitsätze zur
Neuregelung des Rundfunks, um den Staatseinfluß zu verstärken.
Am 30.9.1932 entzog man der Südwestdeutschen Rundfunk
AG die Konzession und zwang die privaten Aktionäre, ihre An-
teile zu verkaufen. Am 1.2.1933 formelle Auflösung der Südwest-
deutsche Rundfunk AG. Hessischer Rundfunk. www.hr-online.
de/website/derhr/wir_ueber_uns, Zugriff 4.6.2004

388 Schlimper, Jürgen (2004), Weimarer Rundfunk – Vorbild für Öf-
fentlich-Rechtliche? MDR.DE.Kultur, www.mdr.de/kultur/mirag,
Zugriff 6.6.2004

389 Schiller, S. (1975)

390 W. Benjamins „Radau um Kasperl. Hörspiel für Kinder" (ge-
sendet 1932 in Frankfurt und Köln) zeigte Kindern, wie Rund-
funkleute auch gegen den Willen eines Interviewten Informationen erlangen, hier durch Einbau eines verborgenen Mikrophons.
Als „Erster Radau", „Zweiter Radau" usw. notierte Benjamin im
Manuskript Geräuscheinspielungen, die von den zuhörenden Kindern identifiziert werden sollten. Döhl, R. (1987)

391 W. Benjamin arbeitete an mindestens vier Hörmodellen mit: „Wie
nehme ich meinen Chef?" (auch unter dem Titel: „Gehaltser-
höhung, wo denken Sie hin?"), „Frech war der Junge auch noch"
(auch unter dem Titel: „Der Junge sagt kein wahres Wort"),
„Kannst Du mir bis Donnerstag aushelfen?", „Meinen Geburtstag hast Du natürlich wieder vergessen". Ebenda

392 Ebenda

393 Wesseling, K-G. (2002)

394 Berlin-Schöneberg, Prinzregentstraße 66. Am modernen Nachfolgebau befindet sich seit 14.7.1989 eine Berliner Gedenktafel
aus KPM-Porzellan für Walter Benjamin.

395 Juni bis Oktober 1934, August bis Dezember 1935, Juni bis Oktober 1938. Wesseling, K.-G. (2002)

396 Max Horkheimer, Philosoph und Soziologe, stammte aus einer wohlhabenden Familie in Stuttgart. Er studierte Nationalökonomie, Philosophie und Psychologie. Ab 1930 leitete er das Institut für Sozialforschung in Frankfurt und war Mitherausgeber der „Zeitschrift für Sozialforschung". Nach Hitlers Machtergreifung baute er das Institut 1934 in New York neu auf. 1949 kehrte Horkeimer nach Deutschland zurück, übernahm das wieder gegründete Institut für Sozialforschung in Frankfurt. Horkheimer und Adorno vertraten eine kritische Gesellschaftstheorie. Der Kreis um Horkheimer galt nach dem Krieg als „Frankfurter Schule".

397 In Port Bou gibt es seit 1993 eine Gedenkstätte für Walter Benjamin. Deutsches Historisches Museum (2004)

398 Zitiert nach Döhl, R. (1987)

399 Der Abschnitt über Georg Benjamin nach ddr-im-www, www.ddr-im-www.de/Personen/Benjamin.htm, Zugriff 5.6.2004, nach Edition Luisenstadt 2004, www.berlin-geschichte.de/Strassen/index str.htm, Zugriff 25.6.2004 sowie nach einer verlorenen Metallgedenktafel für ihn in Berlin-Lichtenberg, Paul-Junius-Straße 15. – In Berlin-Pankow gibt es seit dem 28.8.1974 nahe dem Klinikum Buch die Georg-Benjamin-Straße. Im selben Bezirk am Haus Binzstraße 50, wo Benjamin mit seiner Familie ab 1934 wohnte, soll sich eine Gedenktafel für ihn befinden (am 25.6.2004 nicht auffindbar). In Berlin-Wedding in der Durchfahrt des Hauses Badstraße 40 an der Panke, wo die Familie Benjamin von 1931-1933 wohnte, wurde am 30.9.1991 eine Berliner Gedenktafel aus KPM-Porzellan für Georg Benjamin angebracht.

400 Die USPD spaltete sich 1917 aus Kriegsgegnerschaft von der SPD ab und spielte in der Novemberrevolution und den Räterepubliken Bremen und München eine führende Rolle.

401 Benjamin, H. (1977)

402 Der Abschnitt über Hilde Benjamin nach ddr-im-www, www.ddr-im-www.de/Personen/Benjamin.htm; www.fembio.org/frauen-biographie/hilde-benjamin.shtml, Zugriffe 5.6.2004

403 Professor Dr. Michael Benjamin (1932-2000), Jurist und Politiker, war nach der Wiedervereinigung Deutschlands Vorstandsmitglied der PDS, der Nachfolgepartei der SED, 1989 zunächst
als SED/PDS gegründet.

404 Kolmar, G. (1978)

405 Benjamin, H. (1978)

406 Die Sowjetische Militäradministration in Deutschland war seit
dem 9.6.1945 die höchste Behörde in der Sowjetischen Besatzungszone. Sie schuf verschiedene Zentralverwaltungen, darunter
die für Justiz. ddr-im-www, www.ddr-im-www.de/Personen/Ben
jamin.htm, Zugriff 5.6.2004

407 Der Erste Strafsenat des Obersten Gerichtes der DDR verhängte
am 24.5.1952 im Prozeß gegen die „Kampfgruppe gegen die Unmenschlichkeit" wegen Verteilung von „kriegshetzerischen Material", bewaffneter Überfälle auf Volkspolizeiposten sowie Vor-
bereitung eines Sprengstoffanschlags folgende Urteile: die später
vollstreckte Todesstrafe für Johann Burianek, lebenslange Strafen
für zwei der Angeklagten und insgesamt 49 Jahre Zuchthaus für
sieben weitere Beschuldigte. Welche Vorwürfe zutreffen, ist bis
heute umstritten. www.mdr.de/kultur/17juni/761581.html, Zugriff 17.6.2004

408 Benjamins Vorgänger Max Fechner wurde abgesetzt, weil er öffentlich auf das verfassungsrechtlich verbriefte Streikrecht hin-
wies.

409 Laut Bericht von Justizministerin Hilde Benjamin und General-
staatsanwalt Ernst Melsheimer „Zur Durchführung des neuen
Kurses in der Justiz" vom 5.3.1954 wurden „von Anbeginn an
... Staatsanwälte und Richter darauf hingewiesen, ... in ihrer An-
klagepolitik und ihrer Urteilspraxis ... zwischen ehrlichen Arbei-
tern und Provokateuren zu unterscheiden." Bis 5.3.1954 wurden im Zusammenhang mit dem 17. Juni 1953 1526 Angeklagte verurteilt: zwei erhielten die Todesstrafe, drei lebenslänglich
Zuchthaus, 13 Strafen von 10-15 Jahren, 99 Strafen von 5-10 Jahren, 824 Strafen von 1-5 Jahren und 546 Strafen bis zu einem
Jahr; etwa 75 Urteile wurden später ausgesprochen. Hinzukom-

men mindestens 18 von der sowjetischen Besatzungsmacht ausgesprochene und vollstreckte Todesurteile. Bundeszentrale für politische Forschung, www.bpb.de/publikationen/FPZZX0,2,0,Die_nationale_Dimension_des_17_Juni_1953.html, Zugriff 18.6.2004

410 Das DDR-Familiengesetz von 1956 war Grundlage für die Gleichstellung ehelicher und unehelicher Kinder, die Reformen des Scheidungs- und des Namensrechts sowie die Förderung der Berufstätigkeit von Frauen. www.fembio.org/frauen-biographie/hilde-benjamin.shtml, Zugriff 5.6.2004

411 Möglicherweise störte Hilde Benjamin bei der Annäherung der DDR an den Westen, außerdem bestätigte die Stasi, daß sie lesbisch sei. www.ddr-im-www.de/Personen/Benjamin.htm, Zugriff 5.6.2004

412 Deutsche Akademie für Staats- und Rechtswissenschaft „Walter Ulbricht"

413 Kalthoff, J. et al. (1998), S. 114

414 Die Degesch wurde damals zu je 42,5 % von der Degussa und der IG-Farbenindustrie AG in Leverkusen sowie zu 15 % von der Th. Goldschmidt AG in Essen gehalten. Ebbinghaus, A. (1998), S. 46

415 Ebenda

416 Zyklon B wurde von den Dessauer Werken für Zucker-Raffinerie GmbH, im Volksmund Fine genannt, und ab 1935 zu einem geringeren Teil auch von der Kali-Werke Kolin AG bei Prag hergestellt. Ebenda

417 Dr. Heerdt und seine Familie hielten sich von der NSDAP fern und vermieden den „deutschen Gruß". Nach der Verhaftung von Frau Heerdt wegen „Beleidigung der Deutschen Wehrmacht" in einem Brief sowie bei einer Hausdurchsuchung entdeckten belastenden Materials drohte der Heli der Entzug von Wehrmachtsaufträgen. Kalthoff, J. et al. (1998), S. 112 ff.

418 Karl Kaufmann, 1921 NSDAP-Mitglied, 1925 Wiederaufbau der NSDAP im Ruhrgebiet, 1925-1929 dort Gauleiter. Ab 1929 in Hamburg Gauleiter, ab 1933 Reichsstatthalter, 1936 Chef der Landesregierung Hamburg. 1942 Reichskommissar für die Seefahrt. September 1939 Reichsverteidigungskommissar im Wehr-

kreis X und ab August 1942 auch für die Deutsche Bucht. 1942 SS-Obergruppenführer. In den letzten Kriegswochen Teilnahme an den Übergabeverhandlungen im Raum Hamburg, Beteiligung an der Übergabe Hamburgs. 1948 Verurteilung durch ein britisches Militärgericht zu 14 Monaten Haft, vorzeitige Entlassung aus Gesundheitsgründen. Weiß, H. (1999), S. 257 f. – Nach Klee, E. (2003), S. 301, war Kaufmann Bauhilfsarbeiter und gehörte 1919 dem Freikorps der Marinebrigade Ehrhardt an. Als Gauleiter in Hamburg errichtete er 1933 das KZ Fuhlsbüttel („Privat-KZ des Gauleiters") und war später für das KZ Neuengamme zuständig. Nach Entlassung aus britischer Haft wirkte er als Geschäftsmann in Hamburg und Führer der „Bruderschaft", einem 1949 in Hamburg gegründeten Geheimbund von Nazis. 1953 verhaftete ihn die britische Militärregierung kurzzeitig unter dem Vorwurf, dem sogenannten „Gauleiter-Kreis" zur Unterwanderung der BRD anzugehören. Er starb 1969 in Hamburg.

419 Kalthoff, J. et al. (1998), S. 39, 64 f., 76 f., 103 f., 106 f., 114-119

420 Das nördlich und östlich der geraden Verbindungslinie Cuxhaven-Öbisfelde-Plaue liegende Reichsgebiet (etwa das Gebiet innerhalb der politischen Grenzen von Schleswig-Holstein, Pommern, Ost- und Westpreußen, Brandenburg und Berlin, Schlesien, der Freistaaten Mecklenburg-Schwerin, Mecklenburg-Strelitz, Oldenburgisch Eutin, der Freien Hansestädte Hamburg einschl. Harburg und Lübeck). Das südwestlich gelegene Gebiet wurde durch die Heli beliefert. Kalthoff, J. et al. (1998), S. 62

421 Die ehemalige polnische Republik, soweit sie nicht dem Reichsgebiet und der Slowakei zufiel, sowie Dänemark, Norwegen, Finnland und die ehemaligen Staaten Estland, Lettland und Litauen. Ebenda, S. 62

422 Ebenda, S. 118 f.

423 Ebenda, S. 124 f.

424 Ebenda, S. 112

425 Ebenda, S. 171-177

426 Testa war Alleinlieferant für die Konzentrationslager Maidanek, Ravensbrück, Stutthof, Neuengamme und Groß-Rosen, Teilliefe-

rant mit der Degesch für die KZ Auschwitz/Auschwitz-Birkenau und Sachsenhausen sowie mit der Heli für das KZ Dachau; die Heli war Alleinlieferant für die KZ Mauthausen und Buchenwald, die Degesch in Prag für Theresienstadt. Ebenda, S. 173-200

427 Dieser Absatz nach Kalthoff, J. et al. (1998), S. 144-160, und Ebbinghaus, E. (1999)

428 Kalthoff, J. et al. (1998), S. 144-160; Ebbinghaus, E. (1999), S. 63 f. mit kritischen Anmerkungen zum Gerichtsverfahren

429 Kalthoff, J. et al. (1998), S. 174

430 Mannweiler, E. (1990), S. 224 f.

431 Über die Angelegenheit ist wenig bekannt. Martini machte die Ausführungen im September 1946 in seinem Einspruch gegen den Entscheid im Entnazifizierungsverfahren. (StA HH, 211-11 Staatskommissar für die Entnazifizierung und Kategorisierung, ED 1546, Einspruch Martinis gegen Einstellung der Zahlung der Versorgungsbezüge, 24.9.1946, Bl. H); Hering, R. (1998), S. 217, Anm. 76

432 Wulf, S. (1994), S. 188

433 Ausführlich bei Wulf, S. (1994), S. 135-139

434 Wilhelm Weise äußerte als Mitarbeiter des Tropeninstituts am DFG-Projekt „Malariaprophylaxe mit Atebrin": „Die Untersuchungen am Menschen sollten durch Tierversuche ergänzt werden." Weise wurde im August 1945 aus politischen Gründen vom Tropeninstitut entlassen. Klee, E. (2003), S. 664

435 Es handelte sich um die von Ziemann gegründete Tropenmedizinische Abteilung in Berlin, vgl. Anm. 460

436 Wulf, S. (1994), S. 130

437 Eckart, W. U. (1997), S. 527

438 Kalthoff, H. (2001), S. 191

439 Wulf, S. (1994), S. 130

440 Ebenda, S. 192, Anm. 936. – Professor Dr. rer. nat. Fritz Weyer war von 1942 bis 1969 Vorstand der Entomologischen Abteilung.

441 Wolfram Sievers, geboren in Hildesheim, Verlagsgehilfe, 1929 NSDAP, 1935 SS (später SS-Standartenführer). Ab 1935 bei „Ah-

nenerbe e.V.", 1938/39 Reichsgeschäftsführer. Später „General-
treuhänder für die Sicherung deutschen Kulturguts in den ange-
gliederten Ostgebieten" (Kunstraub). Ab 1942 Beirat des Entomologischen Instituts des SS-„Ahnenerbe" im KZ Dachau [Hei-
der, A. (1999), S. 103, Anm. 20]. Ab 1943 Stellvertretender Leiter des Beirats des „Reichsforschungsrats". Sievers war verantwortlich für Morde und Menschenversuche. Er wurde 1947 im
Nürnberger Ärzteprozeß zum Tode verurteilt und 1948 hingerichtet. Klee, E. (2003), S. 583

442 Wulf, S. (1994), S. 122

443 dtv-Lexikon (1990), Bd. 1, S. 80

444 Der wissenschaftliche Beirat trat „kaum jemals" zusammen. Wenigstens ein die Arbeit des Entomologischen Instituts betreffen-
des Schreiben Martinis (vom 14.9.1942) an den Institutsleiter
Dr. Eduard May (1905-1956) ist überliefert. Heider, A. (1999),
S. 99-103, 107, Anm. 37

445 Das Entomologische Institut lag etwa 1 km außerhalb des Häft-
lingsareals. Vier weibliche KZ-Häftlinge (verfolgte „Bibelforsche-
rinnen") für Putz- und Gartenarbeiten waren in der Forschungs-
baracke untergebracht. Ebenda, S. 102 f.

446 Hering, R. (1998), S. 188 ff., Anm. 13

447 In Holland, Belgien, Rumänien, Griechenland, Italien, Albanien
und Serbien. Mannweiler, E. (1998), S. 225

448 Wulf, S. (1994), S. 145 f.

449 Hering, R. (1998), S. 191

450 Hering, R. (1998), S. 198; Brahm, F. (2004)

451 Hecht, O. (1938)

452 StA HH, 221-11, ED 15460, Anl. 8

453 Handschriftlich ein Blatt, Vorder- und Rückseite eng beschrieben.
Bei der Transskription der Briefe wurden offensichtliche Fehler
korrigiert und die Schreibweise normalisiert. Hervorhebungen ent-
stammen dem Original. Hering, R. (1998), S. 195

454 Eingangsvermerk und Zusatz des Empfängers Otto Hecht. Das
Zitat ist unterstrichen. Der Ausspruch geht auf den römischen
Satiriker Juvenal (ca. 60-nach 127) zurück. Ebenda, S. 195

455 Hecht, O. (1938)

456 Fritz Zumpt (1908-1985), Zoologe, 1933 bis 1934 Durchga-
     sungsleiter bei Tesch & Stabenow (Testa), ab 1934 medizinischer
     Entomologe am Tropeninstitut. 1932 NSDAP-Mitglied, 1932-
     1934 Korps der Politischen Leiter. Hering, R. (1998), S. 195. –
     Zumpt war der politisch engagierteste „Parteigenosse" im Tropen-
     institut, Reichsvortragsredner des Deutschen Volksbildungswerks
     der Deutschen Arbeitsfront, Redner für Kolonial- und Rassen-
     politik der Gaupropagandaleitung der NSDAP, Mitarbeiter des
     Rassenpolitischen Amtes der NSDAP. Er beschäftigte sich mit
     gesundheitsschädlichen Insekten. Im Januar 1945 Dienstreise in
     das KZ Auschwitz anläßlich der Tagung zur Schädlingsbekämp-
     fung. Ende Juli 1945 Entlassung vom Tropeninstitut aus politi-
     schen Gründen. Wulf, S. (1994) S. 87, 147. – Im Entnazifizie-
     rungsverfahren als „Entlasteter" eingestuft. Hering, R. (1998),
     S. 195. – 1948 Auswanderung nach Johannesburg, Südafrika,
     1955 südafrikanischer Staatsbürger, 1962 Leiter der Abteilung
     für Medizinische Entomologie am South African Institute for
     Medical Research und Professor an der Witwatersrand Univer-
     sity. Wulf, S. (1994) S. 87, 147 f.

457 Erich Martini griff in seinem Brief an Adolf Hitler auch den
     Staatssekretär Georg Ahrens (1896-1974) an. Dieser wurde im
     März 1933 Staatsrat, dann Staatssekretär, 1934 Hamburger Se-
     nator und 1938 Vertreter des Reichsstatthalters von Hamburg
     in der staatlichen Verwaltung mit der Amtsbezeichnung „Präsi-
     dent". Hering, R. (1998), S. 196, Anm. 32

458 Curt Sonnenschein (1894-1986), ab 1930 Bakteriologe am Tro-
     peninstitut, 1935 als Nachfolger seines entlassenen jüdischen
     Chefs Martin Mayer Vorsteher der Abteilung für Bakteriologie,
     1941, zwei Jahre nach der deutschen Besetzung der „Rest-Tsche-
     choslowakei", ordentlicher Professor für Hygiene und Bakterio-
     logie und Direktor des Hygiene-Instituts der Karls-Universität
     Prag, damals „deutsche Universität" im „Protektorat Böhmen
     und Mähren". Nach dem Krieg Ordinarius für Hygiene an der
     Universität Würzburg. Kalthoff, H. (2001)

459 Hering, R. (1998), S. 197

460 Hans Ziemann (1865-1939) , 1902-1910 Regierungsarzt in der deutschen Kolonie Kamerun, Oberstabsarzt. Er schrieb 1910 das „Gutachten über die Notwendigkeit der Entfernung der Eingeborenen aus der Nähe der Europäer in Duala", um die Malariagefahr für Europäer zu verringern und diese von den „oft johlenden und schreienden, jedenfalls unruhigen Eingeborenen" räumlich zu trennen. 1923 a.o. Professor der Tropenpathologie und Hämatologie der Universität Berlin, Mitbegründer des Berliner Institutes für Tropenmedizin („Ziemannsches Tropeninstitut"), später als Tropenmedizinische Abteilung der Militärärztlichen Akademie eingegliedert. Ziemann arbeitete auch für die chemisch-pharmazeutische Industrie und forschte für die IG-Farben. Eckart, W. U. (1997), S. 61, 218-227, 230, 233

461 Erich Martini hatte nach R. Garms (2004) spät geheiratet. Seine Frau Erna, geborene Hansen, war früher Mitarbeiterin des Tropeninstitutes. Sie hatten zwei Kinder: Oskar Martini (*1936, studierte Medizin), Hildburg Martini (*1939, studierte Theologie und Philologie). Peus, F. (1961), S. 344

462 Hecht, O. (1933c), S. 7

463 Ders. (1938)

464 Martin Mayer (Caracas) an Ernst Georg Nauck, 23.4.1947. (StA HH, 352-8/9 BNI 10-2). Der Verfasser dankt Herrn Felix Brahm für diesen Hinweis.

465 Hecht, O. (1946b)

466 Ders. (1947)

467 Hering, R. (1998), S. 212

468 Maschinenschriftlicher Durchschlag, 9 Seiten; Namenskürzel am Schluß handschriftlich. Ebenda, S. 200

469 Die Anlagen sind nicht überliefert. Ebenda, S. 200

470 Offenbar bezieht Otto Hecht sich auf Hitlers Satz: „(Die Masse) aber braucht in ihrer Schwerfälligkeit immer eine bestimmte Zeit, ehe sie auch nur von einer Sache Kenntnis zu nehmen bereit ist, und nur durch eine tausendfache Wiederholung einfachster Begriffe wird sie endlich ihr Gedächtnis schenken." Hitler, A. (1941), S. 203

471 „Der von 1891 bis 1939 bestehende Alldeutsche Verband war einer der einflußreichsten und aggressivsten nationalistisch-milita-
ristischen Verbände, der schon im Kaiserreich antisemitisch geprägt war und im Ersten Weltkrieg umfassende Kriegsziele propagierte. Hitler war stark von den Alldeutschen geprägt und hat
große Teile ihres Programmes in das nationalsozialistische Ideo-
logiekonglomerat integriert." Hering, R. (1998), S. 203

472 Hier bezieht Otto Hecht sich auf Hitler Aussage: „(Die nationalsozialistische Bewegung) muß unser Volk lehren, über Kleinigkeiten hinweg aufs Größte zu sehen..." (gesperrt gedruckt!), Hitler,
A. (1941), S. 719

473 Vgl. Anm. 212

474 Vgl. S. 49

475 Braintree, Massachusetts. Hecht, R.C. (2000)

476 Tufts University Medical School, Boston, Massachusetts. Ebenda

477 Lisa Fessler, geborene Hecht (*1924); Prof. Dr. Karl Theodor
Hecht gen. Ted (* 1926), Nuklearphysiker, er trägt seinen Namen
nach Theodor Moos (siehe S. 107, Hecht, K.T. (2004)); Erica
Kanter, geborene Hecht (*1929)

478 Ludwig Hecht gehörte um 1936 dem Stammtisch des „Jüdischen
Kulturbundes Ulm" an. Stadtarchiv Ulm (1991), S. 245, Kat.-
Nr. 102

479 Siehe Anm. 480

480 Todesbescheinigungen (Úmrtní list) für MUDr. Ludvík Hecht
und für Růžena Hechtová roz. Thalmessingerová vom 5.6.1947.
Vorlagen (Xerox) in: Deutsches Exilarchiv 1933-1945 (2002)

481 Lobe, A. (1929), S. 288

482 Fritz und Miele Rosenberg, siehe S. 54

483 Der Verfasser dankt Frau Studiendirektorin Dr. Gisela Roter-
mund, Stadtarchiv Ulm, für die Informationen zu den Brüdern
August und Theodor Moos.

484 Dr. Beata Moos, Paläontologin, arbeitete von 1945 bis zur Pensionierung 1967 beim Niedersächsischen Bundesamt für Boden-
forschung. Sie veröffentlichte zahlreiche paläontologische Arbei-

ten zur Ostracoden-Forschung. Zobel, B., Beata Moos 1902-1984. Geologisches Jahrbuch, Hannover, 5/1986, S. 49-52

485 „Das am 30. September 1938 zwischen Deutschland, Italien, Großbritannien und Frankreich ohne Beteiligung der Tschechoslowakei geschlossene Münchener Abkommen bestimmte die Abtretung des Sudentenlandes an Deutschland. Die Erfüllung der deutschen Forderungen war der Höhepunkt der britisch-französischen Appeasement-Politik, die eine Verschiebung des drohenden Krieges erreichte." Hering, R. (1998), S. 210

486 „Geßler ist der historisch umstrittene tyrannische Landvogt der Tell-Sage, der um 1470 im „Weißen Buch" von Sarnen genannt wird. In Schillers Darstellung mußte der Hut gegrüßt werden, den Geßler als Zeichen der Macht aufgestellt hatte." Ebenda, S. 211

487 Entlassung am 27.1.1947. Wulf, S. (1994), S. 145 f.

488 Wolff, E. (1984), S. 18

489 Maschinenschriftlich drei Blatt, Vorder- und Rückseite eng beschrieben (fünf Seiten), das Tagesdatum fehlt. Hering, R. (1998), S. 214

490 Siehe S. 96

491 Ebenda, vgl. S. 96

492 Martini meinte den Entwicklungs-Monismus des Zoologen und Naturphilosophen Ernst Heinrich Haeckel (1834-1919), der Darwins Entwicklungstheorie verbreitete und 1906 den Monistenbund gründete. Im Haeckelschen Monismus werden Philosopie und Religion durch eine naturwissenschaftliche Welterklärung ersetzt, alle dualistischen Theorien (Geist-Körper, Gott-Welt, Mensch-Natur) abgelehnt und damit auch christlich-dogmatische Überzeugungen.

493 „Annemarie Müller (*1890), Bibliothekarin des Tropeninstituts, trat 1933 der NSDAP und der Frauenschaft bei, wurde Block- bzw. Zellenleiterin, 1945 aus politischen Gründen entlassen, kehrte 1946 an das Tropeninstitut zurück, 1948 aus gesundheitlichen Gründen pensioniert." (StA HH, 221-11 Staatskommissar für die Entnazifizierung und Kategorisierung, M 161). Hering, R. (1998), S. 215

494 Die NSDAP verfügte am 1.5.1933 eine Mitgliedersperre für Neu-
anträge, die erst am 30.4.1937 aufgehoben wurde.

495 Curt (?) Krüger forderte die grundsätzliche „Entfernung" Martin
Mayers aus dem Institut. Wulf, S. (1994), S. 174; Hering, R.
(1998), S. 216

496 Hier übernimmt Martini den Gedanken, es gäbe „auch anständige Juden, nämlich auf ihre Abstammung stolze Zionisten." Sieg,
U. (2001), S. 190

497 Hecht bezieht sich in seinem Satz (siehe S. 98,) deutlich auf die
Diskussion zwischen „Ariern" und „Nichtariern", Martini be-
zieht den Satz in seiner Antwort hingegen auf Diskussionen unter
NSDAP-Mitgliedern. Hering, R. (1998), S. 217

498 Siehe Anm. 431

499 Handschriftliches Wort über der Zeile eingefügt, nicht lesbar.
Hering, R. (1998), S. 218

500 Hans Frank (1900-1946), Rechtsanwalt, 1928 Gründer des Bundes Nationalsozialistischer Deutscher Juristen, 1933/34 bayeri-
scher Justizminister, 1934/45 Reichsminister ohne Geschäftsbe-
reich, 1939/45 Generalgouverneur im okkupierten Polen. Er erklärte sich 1946 im Nürnberger Prozeß anders als die Mitangeklagten für schuldig, wurde zum Tode verurteilt, bekehrte sich
zum Katholizismus, schrieb seine Memoiren und wurde im Oktober 1946 hingerichtet. Weiß, H. (1998), S. 126 f.

501 Siehe S. 97

502 Im Herbst 1931 besetzten japanische Truppen die Mandschurei,
Anfang 1932 wurde der „unabhängige" Staat Mandschuko geschaffen. Die Untersuchungen des Völkerbundes, der im Dezember 1931 eine Kommission einsetzte, ergaben, daß japanische
Truppen ohne Kriegserklärung gewaltsam einen großen Teil chi-
nesischen Gebiets eingenommen hatten. Nach der Annahme dieses Berichts trat Japan aus dem Völkerbund aus. Kindermann,
Gottfried-Karl: „Der Ferne Osten in der Weltpolitik des Industriellen Zeitalters", München 1970. S. 266-312), nach: Hering,
R. (1998), S. 219

503 Der Young-Plan sollte die deutschen Reparationszahlungen bis 1988 regeln und hob die Kontrollen über Reichsbank und Reichsbahn auf.

504 Nach Hering, R. (1998), S. 205, arbeitete Manfred Oesterlin, Spezialist für organische synthetische Chemie, nach 1945 für die Kali Chemie AG Hannover

505 Handschriftliche Unterschrift. Hering, R. (1998), S. 221

506 Krause et a. (1991), S. 1471 f.

507 Hecht, O. (1946a), vgl. S. 100, Anm. 472

508 Brahm, F. (2004)

509 Martin Mayer (Caracas) an Ernst Georg Nauck, 9.12.1946 (StA HH 352-8/9 BNI 10-2). Zitiert nach Brahm, F. (2004)

510 Mayer (Caracas) an E.G. Nauck, 24.11.1947 (StA HH 352-8/9 BNI 10-2). Zitiert nach Brahm, F. (2004)

511 Hering, R. (1998), S. 191

512 www.geo.de/GEO/kultur_gesellschaft/geschichte/2002_10_epoche_entnazifizierung/, Zugriff 10.4.2004

513 Martini, E. (1949, 1952, 1955)

514 Ders. (1952)

515 Peuß, F. (1961), S. 341

516 Ebenda, S. 339, 341

517 Ebenda, S. 399

518 Hecht, O. (1933), S. 7; Peuß, F. (1961), S. 341 f.

519 Peuß, F. (1961), S. 343

520 Hecht, O. (1946a); vgl. S. 97

521 Hering, R. (1998), S. 222 f.

522 Ebenda, S. 223

523 Nach dem von Otto Hecht 1958 verfaßten curriculum vitae arbeitete er von 1945 bis 1954 für die Insektizid-Firma „Productos DDT, S.A.", Repräsentanten für J.R. Geigy, Basel und Geigy Agricultural Chemicals, New York, anschließend für die „Agrosan, S.A." (Agroindustria San Vincente, S.A.). Jedoch steht auf drei seiner zwischen 24.11.1946 und 4.5.1947 geschriebenen Briefen als Absender: c/o Madreyfus, S.A. Division de Insecticidas. Ob „Madreyfus, S.A." eine Vorläuferfirma von „Productos DDT,

S.A." war oder ein im Lebenslauf nicht erwähnter dritter Arbeitgeber Otto Hechts in dieser Zeit, bleibt unklar. Hecht, O. (1946 a, b; 1947, 1958)

524 Das Insektizid DDT (Dichlor-Diphenyl-Trichlorethan) dringt als hochwirksames Kontaktgift durch die Tastorgane der Insekten in ihr Zentralnervensystem. Im Zweiten Weltkrieg und danach setzte man DDT erfolgreich gegen Malariamücken und andere Seuchenüberträger sowie großflächig in der Land- und Forstwirtschaft ein. Mitte der 1950er Jahre wurden schädliche Nebenwirkungen bei Mensch und Tier beschrieben. Seit 1972 Verbot der Anwendung in den USA und der BRD, hier 1978 auch Verbot der Herstellung. Aber DDT ist weiterhin zur Malariabekämpfung in Entwicklungs- und Schwellenländern in Gebrauch, und zwar wegen seiner extrem geringen Giftigkeit für den Menschen bei hoher Wirtschaftlichkeit nur zur Anwendung in Häusern. Für großflächigen Einsatz in der Landwirtschaft gibt es geeignetere Insektizide.

525 Tierra caliente (heißes Land) der Küstenebenen bis ca. 900 m, Tierra templada (gemäßigtes Land) bis ca. 1830 m, Tierra fría (kaltes Land) bis ca. 2750 m. Sie entsprechen tropischen, subtropischen und gemäßigten Klimazonen.

526 Hecht, O. (1947, 1958)

527 Ders. (1947)

528 Hecht, R. (1947)

529 Hecht, O. (1947)

530 Brahm, F. (2002), S. 81

531 Hecht, R. (1947)

532 Hecht, R.C. (2000)

533 Hecht, O. (1947)

534 Hecht, R. (1947)

535 Ebenda

536 (Fritz) Gawriel Hecht kehrte in den 1960er Jahren nach Deutschland zurück und lebt heute in Stetten im Remstal nahe Stuttgart. Hecht, R.C. (2004)

537 R.C. Hecht arbeitete ab 1973 an der Abteilung für Family Practice (Allgemeinmedizin) der Universität Wisconsin. 1982 wurde

er Professor am Medical College of Wisconsin. Seit 1974 ist er Honorarkonsul von Mexiko in Madison, Wisconsin. Hecht, R.C. (1995, 2004)

538 Hecht, O. (1947)

539 Escuela Nacional de Ciencias Biológicas de Instituto Politécnico Nacional

540 Hecht, O. (1958)

541 17 Veröffentlichungen von 1947 bis 1959. Bassols, I. (1973), S. III f.

542 Escuela Nacional de Agricultura

543 Hecht, O. (1958)

544 Pick, E. (2004)

545 Hecht, O. (1947)

546 Sección de Investigación Entonmológica de la Comisión Nacional para la Erradicación del Paludismo

547 Pletsch, D.J. (1974), S. 241 f.

548 Dr. Alfredo Narrera sowie die Biologen Perdo Chapa, Julio Hernándes Corzo und Ofelia Mancera. Bassols de Barrera, I. (1973), S. III

549 Im Rahmen dieser Tätigkeit veröffentlichte Otto Hecht mit verschiedenen Mitarbeitern vier Publikationen. Hecht, O. et al. (1960)

550 Hecht, R.C. (2004)

551 Instituto Politécnico Nacional

552 C. Raúl Muniz, Andrea Nava, Olga Dávila u.a., Bassols de Barrera, I. (1973), S. IV

553 Hecht, O. (1963, 1964, 1970a), für Publikationen mit den Mitarbeitern siehe Bassols de Barrera, I. (1973), S. VII

554 Hecht, O. (1966)

555 Ders. (1962, 1970b)

556 Das BEG 1953 enthielt 113 Paragraphen, wurde durch das BEG 1956 abgelöst und 1965 zum BEG-Schlußgesetz erweitert. www.nachkriegsdeutschland.de/bundesentschaedigungsgesetz_beg.html Zugriff 6.5.2004

557 Bundeszentrale für politische Bildung, www.bpb.de/publikatio nen/JNSEQM,0,0,Wiedergutmachung.html, Zugriff 4.5.2004

558 Hering, R. (1998), S. 194

559 Seine Witwe Maria Hecht, geborene Epler, erhielt aus Hamburg die Witwenrente bis zu ihrem Tod am 12.10.1989 in Mexiko-Stadt. Hecht, R.C. (2004)

560 Hecht, O. (1946b)

561 Werner Scholem studierte Jura und Geschichte, wurde im Gegensatz zu seinem Bruder Gershom Scholem Kommunist; 1912 Mitglied der SPD, ab 1917 der abgespalteten USPD (Parteiredakteur), 1920 KPD (Redakteur der „Roten Fahne", Organisationsleiter des Bezirks Berlin-Brandenburg), 1924 Reichstagsabgeordneter. 1926, als Ernst Thälmann die Führung in der KPD übernahm und diese in der Dritten Internationale Moskauer Einfluß unterwarf, als Angehöriger der „Ultralinken" Parteiführung (sog. „Fischer-Maslow-Gruppe") aus der KPD ausgeschlossen. 1928 Mitbegründer des Leninbundes linker Kommunisten (Trotzkisten). 1933 von den Nazis verhaftet, 1940 im KZ Buchenwald ermordet. http://home.t-online.de/home/ulrich.eumann/promis. html, Zugriff 27.4.2004

562 Scholem, Gershom (1962), Wider den Mythos vom deutsch-jüdischen Gespräch. Offener Brief an Manfred Schlösser, den Herausgeber von „Auf gespaltenem Pfad. Zum neunzigsten Geburtstag von Margarete Susman". Jerusalem, 18. Dezember 1962. In: Scholem G. (1970), Judaica 2, Frankfurt/Main, S. 40

563 Im Dezember 1981 kehrte Scholem krank aus Berlin nach Jerusalem zurück, wo er im Februar 1982 starb. Sparr, Thomas (1997), Jüdische Gegen-Geschichte. Kontinuitäten im Leben und Werk Gershom Scholems. In: Neue Zürcher Zeitung, 29./30.11.1997

564 Hecht, O. (1946b, 1947); Hecht, R. (1947)

565 Internationaler Kongreß für Entomologie (1962), Bd. 1 (Mitgliederverzeichnis). – Für den Hinweis auf die Teilnahme von Otto Hecht sowie Erich Martini und Fritz Zumpt am XI. Internationalen Kongreß für Entomologie in Wien dankt der Verfasser Herrn Professor Rolf Garms, Abteilung für Medizinische Entomologie am Hamburger Tropeninstitut, 1960 dort Assistent sowie Teilnehmer am Kongreß in Wien.

566 Hecht, O. et al. (1962)

567 Martini, E. (1946), vgl. Anm. 460

568 Die oestroiden Fliegen des Wildes in der äthiopischen Region [Intern. Kongr. f. Entomologie (1962), Bd. 2, 454-457]; Eine neue Spirochaeten-Art, Borrelia Tillae Zumpt & Organ, aus Ornithodoros Zumpti Heisch & Guggisberg und aus Wildratten in Südafrika. Ebenda, Bd. 3, 107 f.]

569 Garms hatte in Wien mit Hecht, Martini und Zumpt persönliche Kontakte, jedoch stets nur einzeln. Garms, R. (2004)

570 Hecht, R.C. (2000, 2004)

571 H.-H. Schumacher, Direktor des Tropeninstituts an Otto Hecht zum 70. Geburtstag. FBNI-Archiv 2-102 Otto Hecht: 15.4.1970

572 Otto Hecht erwähnte gegenüber seinem Sohn Rudolph nichts von einer Begegnung mit Erich Martini nach 1933. Hecht, R.C. (2004)

573 Hecht, O. (1970c)

574 Bassols de Barrera, I. (1973), S. IV

575 Pletsch, D. J. (1974), S. 242

175

Literaturverzeichnis

Adreßbuch Landsberg/Warthe (1863): www.genealogienetz.de/BRG/ neumark/Landsberg/land1863 (from Roswitha Quilitz), Zugriff 24.1.2005

Bassols de Barrera, Isabel (1973): Otto Hecht Thalmessinger 1900-1973. In: Anales de la Escuela Nacional de Ciencias Biológ., 21. Jg., S. III-VII

Benjamin, Hilde (1977): Georg Benjamin. Eine Biographie, Leipzig

Dies. (1978): Erinnerungen an Getrud Kolmar. In: Kolmar, Gertrud (1978): Das Wort der Stummen. Berlin

Bock, Gisela (2002): Der Nationalsozialismus und die Frauen. In: Sösemann, Bernd (Hrsg.): Der Nationalsozialismus und die deutsche Gesellschaft. Einführung und Überblick, München

Brahm, Felix (2002): Die Lateinamerika-Beziehungen des Hamburger Tropeninstituts 1900-1945. Magisterarbeit, Typoskript, 126 S. (Kopie im Besitz des Verfassers)

Ders. (2004): Jüdische Tropenärzte im lateinamerikanischen Exil. Martin Mayer und Otto Hecht in Venezuela und Mexiko. In: Heidel, Caris-Petra/Scholz, Albrecht (Hrsg.): Emigrantenschicksale. Einfluß der jüdischen Emigranten auf Sozialpolitik und Wissenschaft in den Aufnahmeländern [= Schriftenreihe Medizin und Judentum, Bd.7], Frankfurt a.M., S. 189-200

Brockhaus (1908): Brockhaus' Konservations-Lexikon. Neue revidierte Jubiläums-Ausgabe, Leipzig

Bruno-Tesch-Gesamtschule Altona (1999): Bruno Tesch. www.hh. shuttle.de/hh/btg/bruno_tesch.htm, Zugriff 2.1.2004

Burger, Matthias (2001): Bundesfestung Ulm. www.bundesfestung-ulm. de, Zugriff 3.1.2004

Deutsches Exilarchiv 1933-1945 (2002): Lebensdokumente Otto Hecht. Archivalien (EB 2002/094 Splitternachlaß Otto Hecht)

Deutsches Historische Museum (2004): LeMO Lebendiges Museum Online: Biographien. www.dhm.de/lemo/suche/biographien.html, Zugriff 24.4.2004

Döhl, Reinhard (1987): Walter Benjamins Rundfunkarbeit. Vortrag vom 25.10.1987. http://auer.netzliteratur.net/ du/benjamin.htm, Zugriff 4.6.2004

Ebbinghaus, Angelika (1998): Der Prozeß gegen Tesch & Stabenow. Von der Schädlingsbekämpfung zum Holocaust. In: 1999. Zeitschrift für Sozialgeschichte des 20. und 21. Jahrhunderts, 13. Jg., S. 16-71

Eckart, Wolfgang U. (1997): Medizin und Kolonialimperialismus: Deutschland 1884-1945, Paderborn/München/Wien/Zürich

Fest, Joachim C. (1973): Hitler. Eine Biographie, Frankfurt a.M./Berlin/Wien

Garms, Rolf (2004): Persönliche Mitteilung

Giesecke, Hermann (1981): Vom Wandervogel zur Hitlerjugend, München

Goldhaber, G./Halberstaedter, L./Hecht, O. (1943): The Effect of X-rays on the Development of Insects: I. Irradication in Larval Stage. In: Growth, 7. Jg., S. 413-524

Hansen, Friedrich (o.J.): Zur Geschichte der DTG [Deutsche Tropenmedizinische Gesellschaft]. Vom Kolonialrevisionismus zur Geomedizin. Typoskript für DTG-Mitglieder

Hecht, Karl Theodor (2004): Persönliche Mitteilungen

Hecht, Otto (1924): Embryonalentwicklung und Symbiose bei *Camponotus ligniperda*. In: Zeitschrift Wiss. Zool., 122. Jg., S. 173-204

Ders. (1928): Blausäuredurchgasung zur Schädlingsbekämpfung. In: Die Naturwissenschaft, 16. Jg., S. 17-23

Ders. (1928a): Über die Sproßpilze der Ösophagusausstülpungen und über die Giftwirkung der Speicheldrüsen von Stechmücken. In: Archiv für Schiffs- und Tropenhygiene, 32. Jg., S. 561-575

Ders. (1929): Die Hautreaktionen auf Insektenstiche als allergische Erscheinungen (Vorläufige Mitteilung). In: Archiv für Schiffs- und Tropenhygiene, 33 Jg., Beiheft 3, S. 280 ff.

177

Ders. (1930): Die Hautreaktionen auf Insektenstiche als allergische Erscheinungen. In: Zoologischer Anzeiger, 87. Jg., S. 94-109; 145-157; 231-246

Ders. (1931): Über den Wärmesinn der Stechmücken bei der Eiablage. In: Rivista di Malariol. Anno 9 (1930) 6: 706-724, Rom 1931; gekürzte Fassung in: Verhandlungen der Deutschen Gesellschaft für Allgemeine und Angewandte Entomologie, 8. Versammlung, Rostock 1930

Ders. (1932): Experimentelle Beiträge zur Biologie der Stechmücken II. In: Zeitschrift für angewandte Entomologie, 19. Jg., S. 579-607

Ders. (1933a): Experimentelle Beiträge zur Biologie der Stechmücken III. In: Zeitschrift für angewandte Entomologie, 20. Jg., S. 126-135

Ders. (1933b): Experimentelle Beiträge zur Biologie der Stechmücken IV. In: Archiv für Schiffs- und Tropenhygiene, 37. Jg., S. 256-271

Ders. (1933c): Die Blutnahrung, die Erzeugung der Eier und die Überwinterung der Stechmückenweibchen. In: Archiv für Schiffs- und Tropenhygiene, 37. Jg., Beiheft 3, S. 5-87

Ders. (1934): Experimentelle Beiträge zur Biologie der Stechmücken V – Über den Wärmesinn der Anopheles maculipennis-Rassen bei der Eiablage. In: Archiv für Schiffs- und Tropenhygiene, 38. Jg., S. 124-131

Ders. (1936): Studies on the Biology of *Chilocorus bipustulatus* (Coleoptera Coccinellidae) an enemy of the Red Scale *Crysomphalus aurantii*. In: Bull. Soc. Roy. Ent. Egypte., S. 299-326

Ders. (1938): Brief an Erich Martini, 16.1.1938 (Staatsarchiv Hamburg, 221-11 Staatskommissar für die Entnazifizierung und Kategorisierung, ED 15460)

Ders. (1946a): Brief an Erich Martini, 24.11.1946. In: Hering, Rainer (1998): Ein Briefwechsel über das „Dritte Reich" zwischen den Tropenmedizinern Erich Martini und Otto Hecht 1946/47. In: Zeitschrift des Vereines für Hamburgische Geschichte, 84. Jg., S. 200-212

Ders. (1946b): Brief an Hans Vogel, 8.12.1946 (Kopie im Besitz des Verfassers)

Ders. (1947): Brief an Magda Rieper, 4.5.1947 (Kopie im Besitz des Verfassers)

Ders. (1951): Beiträge zur Biologie der neotropischen Dasselfliege Dermatobia L. In: Zeitschrift für Parasitenkunde, 15. Jg., S. 109-118

Ders. (1958): Curriculum vitae. Schreibmaschine, 2 Seiten, Vorlage (Xerox) in: Deutsche Bibliothek, Frankfurt a.m. Deutsches Exilarchiv 1933-1945 Archivalien (EB 2002/094 Splitternachlaß Otto Hecht)

Ders. (1962): El mundo de los insectos. Rev. Univ. Mex., 16. Jg., S. 20-23

Ders. (1963): On the visual orientation of house-flies in their search of resting sites. Ent. Exp. et Appl., 6. Jg., S. 107-113

Ders. (1964): Aspectos etológicos y fisiólogicos de la percepción de colores en los insectos. Revista de la Sociedad Mexicana de Historia Natural, 25. Jg., S. 127-148

Ders. (1966): Endosimbiosis de insectos y ácaro con bacterias y hongos. Rev. lat. americ. Microbiol. Parasitol., 8. Jg., S. 217-230

Ders. (1970a): Light and color reaction of *Musca domestica* under different conditions. Bulletin of the Entomological Society of America, 16. Jg., S. 94-98

Ders. (1970b): Ecología y comportamiento de las moscas domésticas. Parte I. *Musca domestica* L. Odit. COFAA, Instituto Politécnico Nacional, México, D.F.

Ders. (1970c): Brief an Inge Aicher-Scholl, 7.6.1970, Vorlage (Xerox) in: Deutsche Bibliothek, Frankfurt a.M. Deutsches Exilarchiv 1933-1945 Archivalien (EB 2002/ 094 Splitternachlaß Otto Hecht)

Hecht, Otto/Chapa-Saldana, H./Corzo, Julio Hernández (1960): La influenzia de la luz en las reactiones de huída de los mosquitos anofelinos irritados por el contacto con DDT. In: Bol. Camp Nac. Erradic. Palud., 4. Jg., S. 129-146

Dies. (1962): The influence of illumination upon the direction of escape flights of Anophelines irritated by DDT. In: Verh. XI. Internationaler Kongreß für Entomologie, 17. bis 25. August 1960, Wien

Hecht, Otto/Corzo, Julio Hernández (1957): Beitrag zur Biologie einiger mexikanischen Anophelen. In: Zeitschrift für Tropenmedizin und Parasitologie, 8. Jg., S. 391-404

Dies. (1960): Resena de las investigaciones sobre la irritabulidad de anofelinos por le contacto con superficies cubiertas con DDT. In: Bol. Camp Nac. Erradic. Palud., 4. Jg., S. 93-106

Hecht, Otto/Mancera, O./Barrera, A. (1960): Relation of DDT irritation threshold to knock down of three species of anopheline mosquitoes. Jour. Econ. Ent., 53. Jg., S. 634-640

Hecht, Otto/Mancera, O./Román, G. (1960): El efecto de la temperatura sobre las respuestas de algunos mosquitos al contacto con DDT. In: Bol. Camp Nac. Erradic. Palud., 4. Jg., S. 222-227

Hecht, Rose (1947): Brief an Studienrätin Magda Rieper, 4.5.1947 (Kopie im Besitz des Verfassers)

Hecht, Rudolph C. (1995): Curriculum vitae. Schreibmaschine, 6 Seiten (Kopie im Besitz des Verfassers)

Ders. (2000): Recollections. Typoskript, 43 Seiten (Kopie im Besitz des Verfassers)

Ders. (2004): Persönliche Mitteilungen

Heider, Angelika (1999): Mücken – Fliegen – Flöhe. Das Entomologische Institut des SS-„Ahnenerbe" in Dachau. In: Dachauer Hefte. Studien und Dokumente zur Geschichte der nationalsozialistischen Konzentrationslager, 15. Jg., Heft 15, S. 99-115

Hering, Rainer (1998): Ein Briefwechsel über das „Dritte Reich" zwischen den Tropenmedizinern Erich Martini und Otto Hecht 1946/ 47. In: Zeitschrift des Vereines für Hamburgische Geschichte, 84: Jg., S. 185-224

Hitler, Adolf (1941): Mein Kampf. 608.-612. Auflage, München

Homann, Ursula (2000): Juden in Brandenburg – Geschichte und Gegenwart. In: Tribüne. Zeitschrift zum Verständnis des Judentums. 39. Jg., Heft 155, und http://ursulahomann.de/JudenInBranden burg, Zugriff 4.5.2004

Dies. (2003): Wer war Gertrud Kolmar? In: Fachzeitschrift für Literatur und Kunst, Berlin, 7/8-2003, und: http://ursulahomann.de/ WerWarGetrudKolmar/inhalt.html, Zugriff 31.5.2004

Internationaler Kongreß für Entomologie (1940): Kongreßbericht des VII.. Internationalen Kongresses für Entomologie, Berlin 15.-20.8.1938, Bd. V, Weimar

Ders. (1962): Verhandlungen des XI. Internationalen Kongresses für Entomologie, Wien 17.-25.8.1960, Bd. 1-3, Wien

Kalthoff, Horst (2001): Eine Jugend in Bremen und Hamburg 1926-1956, Bremen

Kalthoff, Jürgen/Werner, Martin (1998): Die Händler des Zyklon B. Tesch & Stabenow. Eine Firmengeschichte zwischen Hamburg und Auschwitz, Hamburg

Klee, Ernst (2003): Das Personenlexikon zum Dritten Reich. Wer war was vor und nach 1945? Frankfurt am Main

Kolmar, Gertrud (1917): Gedichte, Berlin

Dies. (1924): Preußische Wappen, Berlin

Dies. (1978): Das Wort der Stummen. Nachgelassene Gedichte. Mit „Erinnerungen an Getrud Kolmar" von Hilde Benjamin und einem Nachwort von Uwe Berger, Berlin

Dies. (1983): Gedichte. Auswahl und Nachwort von Ulla Hahn, Frankfurt a.M.

Dies. (1993): Susanna. Frankfurt a.M.

Dies. (2003a): Das lyrische Werk. Hrsg. von Regina Nörtemann. 3 Bd., Göttingen

Dies. (2003b): Die jüdische Mutter. Nachwort von Esther Dischereit, Frankfurt a.M.

Klemperer, Victor (1998): Tagebücher 1933-1945. Bd. I-VIII, 10. Auflage, Berlin

Kohn, Hans/Kirk, Georg Eden (1964): Palestine: From 1918 to the Outbreak for World War II (1939); From 1939 to the End of the Mandate (1948). In: Encyclopaedia Britannica 1964, Chicago, London, Toronto, Geneva, Sydney, Vol. 17, S. 133-136

Krause, Eckart/Ludwig, Huber/Fischer, Holger (Hrsg.) (1991): Hochschulalltag im „Dritten Reich". Die Hamburger Universität 1933-1945. 3 Bde. [= Hamburger Beiträge zur Wissenschaftsgeschichte], Berlin

Lobe, Adolf (1929): Fünfzig Jahre Reichsgericht am 1. Oktober 1929, Berlin/Leipzig

Lorenz, Dagmar C.G. (o.J.): Kolmar, Gertrud (1894-1943). In: The Literacy Encyclopaedia. www.litencyc.com, Zugriff 8.6.2004

Lowenstein, Steven (1994): The Berlin Jewish Community: Enlightment and Family Crisis, 1770-1830, Oxford

Mannweiler, Erich (1989): Geschichte des Instituts für Schiffs- und Tropenkrankheiten in Hamburg 1900-1945, Keltern-Weiler [Abhandlungen des Naturwissenschaftlichen Vereins in Hamburg, Bd. 32]

Martini, Erich (1938): Dem VII. Internationalem Entomologen-Kongreß zum Geleite. In: Zeitschrift für hygienische Zoologie und Schädlingsbekämpfung, 30. Jg., S. 193-202

Ders. (1946): Brief an Otto Hecht, 6.8.1946. In: Hering, Rainer (1998): Ein Briefwechsel über das „Dritte Reich" zwischen den Tropenmedizinern Erich Martini und Otto Hecht 1946/47. In: Zeitschrift des Vereines für Hamburgische Geschichte, Bd. 84: S. 195-198

Ders. (1947): Brief an Otto Hecht, Februar 1947. In: Hering, Rainer (1998): Ein Briefwechsel über das „Dritte Reich" zwischen den Tropenmedizinern Erich Martini und Otto Hecht 1946/47. In: Zeitschrift des Vereines für Hamburgische Geschichte, 84. Jg., S. 214-221

Ders. (1949): Läuse. 9.-11. verbesserte Auflage, Leipzig

Ders. (1952): Lehrbuch der medizinischen Entomologie. 4. überarbeitete Auflage, Jena

Ders. (1955): Wege der Seuchen – Lebensgemeinschaft, Kultur, Boden und Klima als Grundlagen von Epidemien. Unter Berücksichtigung der Tropenkrankheiten dargestellt. 3. umgearbeitete und erweiterte Auflage, Stuttgart

Ders. (1957): Bernhard Nocht. Ein Lebensbild, Hamburg

Ders. (1959): Seuchen im Menschen. Mensch, Tier und Pflanze im Kampf und Ausgleich mit ihren Parasiten, Stuttgart

Neuendorff, Edmund (1914): Wandervogel und Judentum. In: Der Kunstwart, 27. Jg., S. 299

Peus, Fritz (1961): Prof. Dr. Erich Martini zum Gedächtnis. In: Zeitschrift für angewandte Entomologie, 48. Jg., S. 339-344

Pick, Erich (2004): Persönliche Mitteilungen

Pletsch, Donald J. (1974): Doctor Otto Hecht Thalmessinger (1900-1973). In: Mosquito News, 4. Jg., S. 241 f.

Pomorin, Jürgen (1980): Blutige Spuren: Der 2. Aufstieg der SS, Dortmund

Purucker, Daniel (2000a): Beispiel 1: WR [Weimarer Republik]. www.lsg.musin.de/Geschichte/lkg/beispiel_1_wr.htm, Zugriff 3.1. 2004

Ders. (2000b): Weimar zwischen Scheitern und Chance. www.daniel-purucker.de/g_weimar.html, Zugriff 7.1. 2004

Reichs-Telephonbuch (1935): Telephon-Adreßbuch für das Deutsche Reich. 40. Ausgabe, Bd. 1, Berlin

Robertson, Struan (2003): Struan Robertson Homepage (3. February 03): A History of Jews in Hamburg: Historical Buildings: The Hamburg District of Eimsbüttel-Rotherbaum I: No. 78 … former Emilie Wüstenfeld-Schule. www.rrz.uni-hamburg.de/rz3a035/bundesstra ße.html, Zugriff 15.1.2004

Rovan, Joseph (1998): Geschichte der Deutschen. Von ihren Ursprüngen bis heute, München

Schiller, Sabine (1975): Zu Walter Benjamins Rundfunkarbeiten. In: Hay, Gerhard (Hrsg.)(1975): Literatur und Rundfunk 1923-1933, Hildesheim: S. 309 ff.

Schnurbus, Marc (2004): Max Liebermann. www.m-nemesis. de, Zugriff 12.1.2004

Sieg, Ulrich (2001): Jüdische Intellektuelle im Ersten Weltkrieg. Kriegserfahrungen, weltanschauliche Debatten und kulturelle Neuentwürfe, Berlin

Simmer, Hans H. (2000): Der Berliner Pathologe Ludwig Pick (1868-1944). Leben und Werk eines jüdischen Deutschen [= Abhandlungen zur Geschichte der Medizin und der Naturwissenschaften, Bd. 94], Husum

Stadtarchiv Ulm (Hrsg.) (1991): Zeugnisse zur Geschichte der Juden in Ulm. Erinnerungen und Dokumente

Wassermann, Jakob (1921): Mein Weg als Deutscher und Jude (Neudruck 1999), München

Weiß, Hermann (Hrsg.)(1999): Biographisches Lexikon zum Dritten Reich. Frankfurt a.M.

Wesseling, Klaus-Gunther (2002): Benjamin, Walter Ben[e]dix Schoenflies. In: Biographisch- Bibliographisches Kirchenlexikon, Bd. XX, Spalten 121-209, Herzberg

183

Wolff, Ekkehard (1984): Sprachforschung im Dienst der Herrschenden. 75 Jahre Afrikanistik in Hamburg im Spannungsfeld kolonialer Interessen und nationaler Sprachpolitik. Vorlesung aus dem Zyklus „Hamburg und Afrika: Praxis und Folgen des Kolonialismus", 15. Mai 1984. In: Meyer-Bahlburg, H./Wolff, E. (1986): Afrikanische Sprachen in Forschung und Lehre. 75 Jahre Afrikanistik in Hamburg (1909-1984) [= Hamburger Beiträge zur Wissenschaftsgeschichte], Berlin

Woltmann, Johanna (2001): Gertrud Kolmar. Leben und Werk, Frankfurt a.M.

Wulf, Stefan (1994): Das Hamburger Tropeninstitut 1919-1945. Auswärtige Kulturpolitik und Kolonialrevisionismus nach Versailles [= Hamburger Beiträge zur Wissenschaftsgeschichte], Berlin

Verzeichnis der Personen und Institutionen

188

189